大夏书系·教师专业发展

让爱智慧

陶妙如 著

华东师范大学出版社

全国百佳图书出版单位

图书在版编目（CIP）数据

让爱智慧/陶妙如著 . —上海：华东师范大学出版社，2014. 12
ISBN 978 - 7 - 5675 - 2814 - 7

Ⅰ. ①让… Ⅱ. ①陶… Ⅲ. ①爱的教育—研究 Ⅳ. ①G40 - 02

中国版本图书馆 CIP 数据核字（2014）第 295703 号

大夏书系·教师专业发展

让爱智慧

著　者	陶妙如
策划编辑	朱永通
审读编辑	朱　颖
封面设计	吴元瑛
责任印制	殷艳红

出版发行	华东师范大学出版社
社　址	上海市中山北路 3663 号　邮编 200062
网　址	www. ecnupress. com. cn
电　话	021 - 60821666　行政传真 021 - 62572105
客服电话	021 - 62865537
邮购电话	021 - 62869887　地址　上海市中山北路 3663 号华东师范大学校内先锋路口
网　店	http：//hdsdcbs. tmall. com

印刷者	北京密兴印刷有限公司
开　本	700×1000　16 开
插　页	1
印　张	16
字　数	290 千字
版　次	2015 年 1 月第一版
印　次	2015 年 1 月第一次
印　数	6 100
书　号	ISBN 978 - 7 - 5675 - 2814 - 7/G · 7767
定　价	35. 00 元

出版人	王　焰

（如发现本版图书有印订质量问题，请寄回本社客服中心调换或电话 021 - 62865537 联系）

代 序

在"智慧"包围中呓语

一

认识陶已经五年多了。以前我们是朋友,现在我们是师生——她是我的老师。一本《让爱智慧》使得她成为我教书育人的师长。

我知道她的大作《让爱智慧》即将付梓,遂生一睹为快的欲望,乃借初稿读一个礼拜。无数读者的翻阅已经使它的册页变得"日益成熟"。我是一边看,一边做笔记,一边写感想。说实话,感觉很有点"沉"。

就像撑一叶小舟,我在她滚涌的教育大海里遨游,顺着她指点的方向,尽力解读她睿智蕴藉的语言,感受这里发生的像波光般闪眼的细碎故事,领悟一个母亲一个教师一个舵手的布施、点化和引渡。我多次下海,但从未有幸接受过这般来自大海深处的淘洗。

二

将一个班级当作独立复杂的生命体进行全程教育、管理,从胚胎发育到个体成形,从破壳临盆到成长茁壮,做到无一处不殚精竭虑,实是个大工程。衣食住行、吃喝拉撒,喜怒哀乐、爱恨喜悲,待人接物、理想现实,家庭学校、课内课外,在广爱的海洋里,一个被悉心呵护的集体,一个个生龙活虎而又千差万别的生命,被笼入到无声细雨和温煦阳光所营造的氛围里。这是一种什么样的包容?这是一种什么样的智慧？抓住所有生活的细节，利用一切可以利用的机会，借助全方位的教育力量，吸收古今中外的先进理论，运用自己的智慧和技能，将一个一个业已被一张成绩单"画牢归类"的学生循序渐进地教育成健康、自信、上进、乐观的"人"，这又需要什么样的"爱"的"智慧"呢？

学生是各有其成长背景的，学生是各有其先天个性的，学生是一个可变的生命体，学生更是可以通过"爱"的熏陶来改变的；但是教育不是万能的，教师工作也有度，教育不是万能胶，一切举措不一定对所有受教者有效，这决定了我们撒播自己的"爱"的时候需要讲究智慧。

面对一个广大成员自信缺失、习惯散漫的集体，教育者的一剂"包容"不见得就是灵丹妙药。因此，细致的工作就成为教育者的当务之急。如何"让爱智慧"？首先要勇敢，其次要百折不挠。让学生智慧起来，这是教之上乘！智慧转化成效能，是需要勇气为动力的。什么是勇敢？"不计较无意损害你的人，不报复有意伤害你的人，不拒绝真心实意帮助你的人。"这不正是中国古老哲学中所信的"大勇若怯"？"扬长长就会更长，讲短短就会变长"，"对那些智商不低、能力不差却不爱读书甚至厌学的学生来讲，改变其对学习的认识，端正其学习态度……是重中之重"！从根本上解决主体问题才是真正的智慧之源。在"带刀"事件中，陶抓住时机进行法制教育，正本清源，不正切合了"疾恶如仇""刚勇若奔"的深刻哲理？因为事事在心、时时有心，所以体育运动会成了"增强班级凝聚力、增强班级战斗力的极佳时期"；待到班级风气大致成型以后，"智慧"的教育提升到心理训练层面，由是就有了"静能生慧，豁达更能生慧"。

正是由于这些零星细节处理的纯熟到位，我们才能够看到陶的学生自主生成的种种"智慧"：从英语单词比赛中懂得了"知识原来是那么的广""感觉好多东西都不懂呢""只有来自内心的真正的力量，才可以使你一跃千里"；"现在我只是一只沉睡的狮子，尽量在忍，总有一天会爆发的"；"每个人都能创造奇迹"……陶的学生不仅有这些情动辞发的语言，更有让人肃然起敬的行动：上网记录达8000个小时的学生居然能够在较短的时间里彻底戒掉网瘾；已经抽烟成习的学生居然能够主动将烟上缴努力戒烟；打架成习者忍耐一年重犯之后在网上写出令人动容的反思……

三

看人家的书，领会人家的思想，研究人家的行动，这都只是"外围"，远非事物"道"之所在。《让爱智慧》成书于实践，更成书于作者自身的真善做人。

陶之做人，第一在于"真"。做学问的真，引发她博览群书、厚积薄发的后劲；做管理的真，形成她循序渐进、不弃不屈的工作作风；做人的真，让她赢得了全体学生像对慈母般的敬仰爱戴和学校、社会的广泛口碑。

陶之做人，第二在于"善"。善在"不计较无意损害你的人，不报复有意伤害你的人，不拒绝真心实意帮助你的人"，"多扶持需要扶持的人，多培养能培养的人，多成全能成功的人"。无论在高中部还是在初中部，无论作为教务处工作人员还是作为一名普通语文教师，陶的善良更多地体现在牺牲自我、成全别人的无数行为上。

做人永远在首位，"人品决定学品"是陶经常说的一句话。陶的做人的另一优势是"忠诚"。教育职业从本质上讲最需要的就是"忠诚"，而中国人伦道德的内涵里最大的道德也是"忠诚"，这种"忠诚"理所当然必将体现在对教育对象的职业忠诚里。

所以，我不愿将这本书看成陶的一项教育研究成果，更不想将此看成蜗角蝇头的俗世虚荣。我将它看成一副肝胆，是对教育事业的忠肝烈胆。唯具有这种肝胆者，方可以发出"让爱智慧"的呼唤。

四

无所求，故无所畏；有其道，乃有其成。

我将这本书的思想概括为上面一组联句，并把它称为"陶氏智慧"。

陶著通书以老子《道德经》为纲，目的不言自明。万物皆有"道"，万事亦皆有"道"；教书固有其"道"，教育更有"大道"。"道"在阳光下，"道"在物理间；"道"蔽障于自我意识、自我中心，"道"明白于超然物外、神明得之。玩物丧志，崖岸自高，不可能入"道"；急进狂躁，浅尝辄止，不可能明"道"；俗欲太深，得失萦怀，不可能得"道"。以庖丁解牛的精神来鉴照教育教学实践行为，将看似沉重繁复的育人工作看成一次又一次的艺术创作，以快乐之心对待一切众生的起伏进退，这时候，我们才会有真正的"爱"；为最终实现艺术创造的真实美和人性美，不断推陈出新、取精用弘，我们就必将拥有取之不尽的智慧泉源。

大智慧，天空海阔；真聪明，岳峙渊渟。

李昌昆写于同升湖
2006 年 11 月

目　录

第三章 / 10 月 7 日 — 11 月 18 日

第四章／11月20日—2月1日

第五章 / 2 月 6 日—2 月 28 日

第六章 / 3月1日—3月28日

第七章 / 4 月 2 日—4 月 28 日

第八章 / 5 月 8 日—9 月 1 日

代后记

谢　辞

第一章

道可道，非常道；名可名，非常名。无，名天地之始；有，名万物之母。故常无，欲以观其妙；常有，欲以观其徼。此两者，同出而异名，同谓之玄。玄之又玄，众妙之门。

——《老子·第一章》

老子认为没有主观欲望的人，能领悟"道"的精髓与奥妙。由此推之：教师如果经常从"无"中去观察领悟学生，从"有"中去观察体验学生，就能较快地了解学生了。

有趣的富有挑战的聚会

8月18日，上午9：00高中部会议。会上，高中部黄主任宣布：陶妙如老师担任高一10班班主任。

这个结果，在我意料之中，因为这是我申请的。

学校实行分层教学，10班是第三层次班级。散会，教学主管要我们十个班主任分层拿学生名单，我拿了那个10号阄一看，怎么这么巧？

全老师是随这届学生从初中一起上来的，他拿着8班、9班、10班名单一看，对我说："哈，恭喜您，陶老师，运气怎么这么好？"

旁边一位老师问怎么回事。

全老师笑说："这是一个'全集'！"

"什么'全集'？"那位老师又问一句。

全老师拿起花名册，轻车熟路地点到：这几个学生是上网迷，那几个学生多次打架滋事，还有吸烟成瘾、谈情说爱的……

"哦，这就是'全集'啊！"我笑着说。

"您好自为之啰！"全老师笑着走了。

不过，我心里却认为这是一个有趣的富有挑战的聚会。

> 主动迎接挑战，是激发激情，创新路子的不二法门。

细节决定境界

下午，进行班级卫生大扫除。10班教室，上学期没作教室用，九门柜里黑霉一层。

我从家里请了两个帮手，丈夫负责"上层"工作，女儿清理地面工作，我负责装饰工作。一家三口从下午一点多到六点多，将教室从天花板到地面，从桌面到柜里搞了个彻彻底底；又调整了课桌高低，横竖摆放成行。自己看了比较满意后，将红色粉笔浸了点水后在黑板上写上"细节决定境界"六个大字。

写完后我又用黄色粉笔逐一勾勒。

做完这一切，我走到后门往里瞧，看感觉如何，又在前门往里瞧，看效果怎样，再站在教室后面看看。我那两个帮手还在用抹布擦桌面上的一些小水痕，他们笑问要不要配彩灯。

当了二十几年班主任了，每次开学都要做这件事，此事看似微不足道，我却乐此不疲。因为我知道，从高处着眼，须从细处着手。

让每一细处都洋溢着文化的气息，这种气息会在无形中熏陶学生。

8月20日 星期六 晴

第一次见面

开学工作是很忙的，学生报到，学校要文字档案，还要电子档案。一个学生少则一个多则几个家长陪同，又都希望和老师多交流，这些都是要紧的事。第一次见面实际上是老师、学生、家长共同参与的无需彩排的互动剧，足以帮助我们更快地走入学生心灵。

我想了个两测三思考的操作程序：

简单测试。一填报到注册表，测查学生对家庭情况的了解和汉字的书写能力；二输电子档案，测查信息技术掌握情况。

学生两测时，我既可以观察学生，又可以与家长交流。

完成前两项工程后，我提出三个思考题，不要求当场作答。

一想理想目标。设想一下，三年后的这个时间你在准备什么？或者说想上哪所大学？

二想实施过程。规划一下，高中三年怎样度过？高一大致怎样安排？

三想做人准则。考虑一下，在这种环境下怎样与人相处？

通过三思考，既能了解到学生的理想状况、心理准备，又能看到家长的反应与态度。

有预则有立，有序可将思想传承久远。

换种交流方式

了解学生要用心来做桥梁，关心学生要用心来呵护，引导学生要用心来设计。而这些，都需要智慧的方式。

许多道理学生听过很多次，即使不懂其中含义也不愿意老师重复。面对面讲、反复讲，学生反感者居多。

换种方式交流就会很轻松。

我与学生就采取了师生写交流日记的方式：学生将当面不好意思说却又想告诉老师的话，或者想倾诉的内容写在交流日记里，上交给我，我再针对他们的个性和面临的问题提出相应的建议。事实证明，这种方式效果显著。

我还开设了个网站"陶妙如教育实践活动"（www.miaoru.com）。网站里设了"学生随心之地"栏目，学生可以选择上传所写的交流日记，家长也可在网上留言，这样就很自然地建立起了学生、老师和家长便捷交流的一个互动平台。教育是一个系统工程，它需要多种途径共同作用才能产生效果。

> 沟通，不仅要平等、善意，还应有技巧。

8月21日 星期日 晴

家长退一步，孩子才能进一步

今天是学生报到的第二天。我照旧与家长边聊边观察，却不经意发现一个问题：很多学生在填写文字档案时，不约而同地抬头询问家长，有些家长见一时说不明白，就干脆自己提笔来填。我只好微笑着制止：相信你的孩子吧，他会填得很好的！这些问题他只是平时没注意罢了！

当代中国社会以独生子女居多，家长们好像都习惯于越俎代庖地为孩子包办一切，除了学习；但他们唯独忘记了，只有孩子学会了为自己和周围的人负责，才能走向成才之路，而这种责任感正是从日常生活的点滴小事中培养起来的。换言之，家长退一步，孩子才能进一步。

第 18 个报到的是个比较"酷"的小伙子。他和父母一道走了进来，母亲介绍说学生叫游澳。

游澳认真地填写报到注册表。因为专注，眼睛离桌面距离非常近，母亲在旁提醒他把头抬高点，并向我介绍说他已是高度近视。

"是遗传吗?"我问道。

"都是电脑惹的祸。"母亲不安地答道。

只见孩子偏头瞪了母亲一眼，那眼神分明在警告：你少说!

用电脑录入时，面对 Microsoft Excel 的表格，他显得有些无所适从，嘴里却解释说平时不是这种水平。指点他录入完，我照样提出了那几个思考题后就让他到寝室去了。

一会儿，游澳的母亲折回办公室，对我说孩子以往怎样怎样，父母亲戚都拿他没办法等等。这时，她的孩子走了进来。这位母亲马上转口问了一些常规性的事情，当说到要不要买电话卡时，只见游澳双唇紧抿，两眼瞪向母亲。

我当即对他说："怎能这样子对母亲!"

学生勉强笑道："我喜欢爸爸，不喜欢妈妈。"

"为什么?"

"她太唠叨了!"

"是吗? 她会不会在大街上随便找个人就唠叨呢?"

"那……不会。"

"陶老师也是一个妈妈，你知道你妈妈当初生你时要忍受多大的痛苦吗? 妈妈说几句你就不耐烦了，如果妈妈当年说生孩子太痛苦了，不生了，哪还有你?"

游澳渐渐地低下了头。

"没话说了吗? 你是不是该跟妈妈说声谢谢呢?"

"谢谢妈妈!"游澳声如蚊虫。

游澳的母亲却笑着说："他就这样，没事的!"

唉，母亲大都一个样!

游澳有着极强的个性，但从他的神态里我却看到了他的纯真和善意。

像游澳这样的孩子又何止一个?

年轻的全老师给我留言：学生就是小时候的我，理解万岁。男孩子总试图挣脱母爱的束缚。

今天，学生报到后可外出，我建议他们买一本《现代汉语词典》、一本名著。工具书可查疑解惑，而名著更可陶冶心灵。

多给孩子一些空间，孩子会成长得更快。

坦诚让爱透明

早晨7:32，我走进教室。学生有的在读书，有的在看书，气氛还蛮好。但是有一个男孩趴在桌上，是游澳。

"怎么，不舒服？"我问道。

"没什么，就是不想读书。"男孩抬起头回答。

"你坐在前排，趴着也会传染的，随我散步去！"

走到球场上，我问："能说说你为什么不想读书吗？"

"老师，实话实说吧，我抽烟，我有女朋友，我可以这样讲，这里规定不该有的我都有，我初三就有半个学期没读书了，我实际上就是个混混。"

"怎么？想吓唬老师吗？"我调侃道，心里却喜欢上了他的这份坦诚。

他没说话，眼里却分明透出了他这个年龄少见的成熟。

"那你怎么进了我们的高中呢？"我继续问道。

"我妈妈托人……我已经给妈妈打电话了，今天12点之前如果她不来接我，我就爬墙出去。"他说完看着我。

我依然微笑着问道："去找以前的朋友？"

"在外面打流（方言，指漫无目的地游荡）都比在学校好。"

"有时，我也这样认为，在外面游荡多自由呀，谁也管不了你，想怎样就怎样，家里反正要给钱。"我欲擒故纵。

"老师，你以为就我一个人有这种想法？不瞒你说，凭我昨夜的感觉，就我们班比我还不想读的都有！"

"你们那个寝室？"

"不是，另外寝室的。我已经跟他们很熟了，他们跟我聊在长沙街上……"

"你交往能力不错嘛！"

"当然，我朋友很多。"

"那你以后靠什么生活？"我突然转换话题问。

"朋友愿意资助。"他不假思索地回答。

"如果朋友们都没这个能力了呢？"

"我弹吉他可以赚钱。"他像早就考虑好了似的。

"哦，那如果你现在的吉他水平可以赚钱的话，要是再请老师指导一下，发愤读三年书，考个中央音乐学院出来不更能赚钱吗？"

"其实我初一的时候成绩特别好，初二就差一些，到初三就完全没读了。"他说这话时，眼神凝望前方。

"如果不依靠父母，长大后你能让你喜欢的那个女孩幸福吗？"我望着他，接着说道，"男孩女孩青春年少，异性相吸，互相爱慕，可以理解。那个女孩在哪里？"

"在另外一所学校读书。成绩很好！"

"如果那位可爱的女孩考上大学，而你在街上打流，你们还可能走在一块吗？"我不待他回答又说，"这样吧，开学典礼马上要开始了，你自己思考思考。"说完我笑着补充一句，"硬想爬墙出去也行，不过要特别注意别摔着了！"

我给他的家长打了电话，家长不想来接，说接回去就不会再来了。我说如果真是那样，你不接他就回去不了？

有时候退一步比进一步更有成效！

散会后，游澳到了我办公室，说已经考虑好了，回去调整几天再来。

"没参加军训是要补训的。"

"我不怕军训。"

"写个请假条吧。"

"怎样写？"

"没学过？没请过假？"

"我从没写过请假条！"

"那请假怎么请？"

他边打着手势边说："拜拜！就这样。"

"好吧，先写……"

"理由写什么呢？"

"这我就帮不了你了，得你自己想。只要是你的心里话，老师都能接受的。不过，老师还想知道，你现在到底想不想读书？"

"不怎么想。"游澳面带一种复杂的表情回答道。

"哦，那我希望你回去再好好想想。老师等着你的决定！"

"嗯。"然后说了句"老师再见"后才离开。

游澳转身走了，我却从他略显沉重的步伐中看出些许不舍。我坚信，他还会回来的！

我将我们的谈话和我的希望上传到网上，我相信回家的游澳是会看的。

留点空间，欲速不达。

拨动心灵交流的序曲

下午开始军训。我们班的教官是整个教官组的指挥官，我在班上确定了临时干部，由吕欧全面负责，高凡协助。并提出了要求：不求第一，但要上等之一；实行自主管理。我嘛，坐观！

回办公室后，我看了今天的交流日记：

在暑假里就听说这所学校很好，的确是好，不看不知道，一看吓一跳：原来真的是好！五星级的！呵呵，可惜是个"监狱"！唉，只能挺住了！

老爸也真是的！在这里安排了好多眼线，真要被他逼"死"。只好忍！唉，看来我真的要好好学习了，在这里看来想玩都玩不成了。可是学习也不是想学就可以学好的。唉，两难啊！

在丧失自由的空间里，无论是谁都会想回到过去！（凯沛）

【妙如回复】凯沛，为了以后长久的自由，无论是谁都会忍受短暂的桎梏。

不知为什么，昨天心情好好的，今天却异常低落，特别想家。

以前在家天天和妈妈闹别扭，一直想有一天能够离开她，可现在，我真的好想见她。

打电话前，我一直提醒自己，把握好，绝对不能哭。可拨通电话号码，心却突然绷得好紧，好想听到他们的声音。"嘟——嘟——嘟……"终于，妈妈的声音从那头传来了。那一刻，我的喉咙就像被什么塞住了，想说的话，久久无法说出。想好不流泪，可泪水却依然挣脱了束缚无法止住……

或许，我是一个娇娇女；或许，我不是很听话。可我真的无法控制住自己的感情。我不想掩饰什么，想家就是想家，既然泪水是注定要洒下的，那我也只能让它尽情挥洒。

站军姿的时候，我就会想些别的事。

想以前无忧无虑的生活，那么无拘无束，那么快乐放纵……现在却在这老师口中的"五星级监狱""享受"那距离产生的"美感"。

站得头昏脑涨的时候，我就想我养的那只小乌龟，它笨拙的动作，那可爱的外形，那舒展的游泳姿势……想到这些我才能够撑下来。以后的路还长着呢，我能做的就是尽我最大的努力活出最精彩的人生。

而这期间，一定会有挫折的。精彩的背后，也会有苦有甜，有苦有泪。可我相信，不经历风雨，就无法见到彩虹。（苗曦）

【妙如回复】苗曦同学：你的文字如同你的名字一样，充满诗情，富有画意。
"既然泪水是注定要洒下的，那我也只能让它尽情挥洒。""尽我最大的努力活出最精彩的人生。"颇有哲理，又不失情趣。
我相信，在未来，你必将迎来最绚烂的彩虹！

今天是我来到这所学校的第二天，这里的环境固然很好，但没给我带来好的心情，可能我是刚来有些想家吧。还好，认识了几个老乡和室友，所以感觉也没怎么孤独。

今天已经搞了开学典礼，新的学期已经开始。正如老师所说的，新的学期，新的开始，就要有新的打算。高中三年我想会很艰苦，但我现在还不知道，也许也有很多乐趣吧。

军训的第一天，教官没有把我们搞得很苦很累，但今后几天可能会比较辛苦。

老师要我们想三年的打算，但现在我还不知道，我在这读不读三年，因为成绩上不去，我可能就不会在这读了。但我还是充满了信心，相信自己绝不会掉队，相信自己三年后能考上重点大学。

这里的设施很不错，宿舍比较干净，饭菜也很好，又有美丽的湖光山色，自己需要做的内务很少，有很充足的时间去学习。在这美丽的校园里，我们已经没有任何考不上大学的理由。

我想，我在这里肯定能成才，圆我的大学梦。我在这里有老师的严格管教，再加上自己的努力，这会给我增加更大的筹码。总之，经过三年的努力，我一定会去北京的一所大学读书。（文铭）

【妙如回复】文铭同学：诚实、憨厚、质朴、上进——这就是你给我的感觉。
扎实，勤奋，你就一定能让美梦成真！

我真的觉得分在10班是一件让我抬不起头的事情，可是，我还是对这个班的未来充满了希望。陶老师当班主任，我今天才发现，我有说不出的放心。

我发现了不学习的。我真的觉得在10班没有什么可光荣的。10班啊！高一10个班，我在最后一个班，别人问我时我都说ten班，笑笑，加上一句：陶老师带班，最有前途的班。

本来想写到这里就打住的，可是想想心里好像还有东西没放开，再加上有些期盼老师在上面多留点评语，所以我想坐着也是坐着，还是多写点好了。

想写点私事。

其实私事说来说去还是谈恋爱，这在中学生私底下已成为太正常不过的事情了。我，初一下学期末开始谈恋爱，从那时起，也开始有些自恋。

我和她风风雨雨走过来，问题越来越突出，可是现在的我早已是拿得起放不下了。自己很努力地去做，可是总觉得生活在失望中，说真的不觉得谁欠谁，因为在一起的时间中，她给了我开心的时光，也就证明我的努力没有白费，她不欠我什么……

好了，10 班，上帝要我来到这个班一定有他的目的，我也相信在这里可以得到进步。只是在 10 班面子上好像有点过不去，不过我来这里是要进步的，不是来要面子的，真要面子，就拿出行动给大家看吧！（高凡）

【妙如回复】高凡同学：说实话心里会舒畅很多，是不是？感谢你的坦诚，更感谢你的信任！

当一个人受到外力鼓舞时，会产生内在驱动力，内外力形成合力就会产生强有力的战斗力。看完你对于"她"的叙述，我衷心祝贺你：你获得了一份少有人获得的珍贵的来自异性的纯洁而高尚的友情，好好珍藏。

任何一所学校都有不想读书的学生，学习的环境是自己创设的。心中有书，遍地皆书；眼中有情，处处是情。用善意的眼光看待同学，用真诚的言行关心同学，用坚强的意志影响同学，和所有想学好的同学结成一个奋发的团体，有什么不成，有什么不能？

相信自己，相信 10 班，我们一定有成！

> "熠耀既不天，吾哪宁暂停？"从片言只字里感受出孩子心灵的律动，这是我们教师要坚持锤炼的。

8月23日 星期二 小雨转晴

谁都想表现得更好

军训开始两天了。寝室里，生活老师讲学生暂时很规矩；训练场上，教官说学生还比较听话。学生们私底下的情绪可丰富非常。

今天是军训的第二天，上午站了一上午军姿，哇，那根本就是折磨我啊！动都不能动，我都快晕了。下午训练转法和跨列，也是辛苦了一下午，人都快要累死了。回宿舍的路上脚都痛死了，晚上就是练军歌，三首军歌把我喉咙都快唱哑了。唉！累啊！（皮嘉欣）

皮嘉欣是在开学第三天家长点名到10班来的，家长清楚我的"恶"名，希望我能把孩子管好。皮嘉欣初一时曾在这学校读过一年，属于特会动脑子的那类。

今天的军训非常艰苦，到现在我的脚还是麻木的。现在我体会到了做一个军人的困难，那真的需要一种超乎常人的勇气和毅力。虽然我做不到像军人那般吃苦耐劳，但是，我想我会把这份吃苦的精神继续发扬，在以后的学习中，好好地运用这份精神。

还有，今天的训练真的要人命啊！特别是我这种胖一点的。真的是地狱般的训练！

希望明天好一点。（雷一正）

一正年龄不大，是个比较胖的男孩，在他的日记里我幽了一默：一正，你不是要减肥吗？运动减肥是上策。这可是个好机会呀！

老师给我的评语很长，我很感谢您！

今天军训感觉轻松许多，因为天气很凉快，不过也许是我们教官不是那么严。想想别人在外面练习，我们在教室睡觉，每次中午第一个收队，我真的有些担心，我们在会操时是不是真的可以成为最好。不过也许我的担心是多余的，应该把担心化作信心，相信我们班，相信教官。

晚上学军歌，本以为记得歌词，明白调子，会唱了，比赛的时候声音大一点就没有问题了。可是我们回到教室练歌的时候，正好连长来了，他听了我们的歌声却不满意，接着，他把这歌的内涵告诉了我们。真是怪，了解了歌曲的内容之后，我们的歌声马上不一样了，真没想到军人还懂得这么多。我越来越喜欢他们了。

说实话我有自己的理想，今年考中央美术学院附中让我觉得自己还远远不足，我要的是在全国前十名之列考进去而不是仅仅通过考试这么简单。我下定决心一定要让绘画水平达到高考生的水平，并且不是在高考时而是在今年，我要做就要做到最好，所以我还是希望以全国最好的成绩考入中央美术学院附中，在里面更好地打好自己的艺术功底。再用别人无法想象的成绩考入中央美院或清华美院，央美是画家的天堂而清华是设计师的天堂，我希望自己双方面都是第一。所以明年我还要考中央美院附中或中国美院附中，不是现在这样，而是全国最好。

在10班我相信可以有飞速的进步，因为我内心有动力。

我和她的友情也发生了点变动，也就是产生了点危机。我这几天老在想，想得心里无比烦。不过没有来自她的动力了，自己内心还有梦想，这梦想能不能让我飞速地进步呢？

自己现在的生活似乎只有学习和她了。（高凡）

【妙如回复】有理想，就要有行动！

与她来个竞争，加倍努力，在学业上超过她！男孩子要洒脱些！

我建议：暂不要老想着考附中了，现在开始努力，争取考上中央美院或清华美院。但无论在哪里读书，老师们都会为你鼓劲！

学校的生活我已经慢慢开始适应了。但是军训也严格起来了，感觉有点吃不消。我发现这里的老师真的很负责任，英语老师今天已经开始教我们背单词。

今天我有点觉得这里闷得厉害，在这里面听着围墙外的车和人的种种声响，真的有点忍不住想爬出去玩一玩。但这绝对是不行的，我只能在这里慢慢适应。也不知道以后的军训会不会更加厉害，希望不会。（文铭）

文铭是从很远的山村来的学生，考试成绩还差那么一点，也是动了点"脑筋"才进来的。从这几天的观察看属于那种憨厚、淳朴、上进却也易冲动的一类。

【妙如回复】有勇气面对，难也是易。你注意观察、用心体会，说明你是自己的主人，是能主宰自己的人，也一定会是有成就的人，努力吧！

> 要尝试吃苦，更要学会吃苦。 苦难也是一门必修的功课。

有的同学则记录了另一种情绪：

昨天晚上听到我们一个寝室的姐妹说今天她爸爸过生日，一定要打一个电话回家。我看着她的眼睛，发现她的眼中有着特别的喜悦。我想是父亲把她这种感觉召唤出来了。我心头一热，心里也不由得想起了我的父母。现在发现以前走过的路、做过的事有着很多歪歪斜斜的地方。人如果是从99岁活到1岁，那一个个错误就会被抹杀在摇篮中，人生也会没有遗憾。但是人生却不能这样。以前看过一句话，心里顿时有万千思绪。那句话是这样说的："不要因为爱你太多就不去珍惜，即使是可以覆盖整个森林的爱，也经不起乱砍乱伐。"所以我们应该珍惜别人对我们的点点滴滴、良苦用心。（苗曦）

网上留言

◆游澳家长：陶老师，您好！我是游澳的母亲。感谢您的宽容和理解！星期四我一定按时送他到校。虽然我们只是短暂接触，但我已被您的能力深深地折服，儿子能遇到您，真是他一生的福分！儿子曾经是一个聪明懂事的孩子，各种原因导致了今天的局面。我之所以竭尽全力让他重回学校，是相信他一定能够学好。他不缺能力，缺少的是信心和勤奋，拜托您能多给他一些鼓励和关注，多增加一些自信，帮他度过这个特殊的成长时期。他对你很崇拜……真希望三年后我们父母这颗悬着的心能稍许安稳一些。拜托了！

看完留言，我有一分欣慰，却有九分的沉重。几十个这样个性鲜明的学生聚集在一起，我能承受得来吗？

8月24日　星期三　小雨转阴

磨炼之下百态生

军训进行三天了，有部分学生病倒了，有打点滴的，有送医院的，士气明显没有前两天高昂，但还是在坚持着。家长电话不断，说要请假，理由都很充分，有看病的，有长辈生日的……

我没在班上给学生说什么。

网上留言

◆凯沛家长：凯沛中考前的复习阶段和考试期间就没有心思在学习上了，中考还没有完毕就和那些不学习的小孩通宵不回家。问题主要在：

第一，存在着不学习可以生存的侥幸和投机心理。他们议论多的是"不上大学也可以成功"，其中有个小孩经常向大家灌输：他做理发的一个表哥一个月可以挣到八千。我在劝说时，凯沛甚至引用周杰伦、潘玮柏这样的名人作为不上大学可以成功的案例来辩护。

第二，对自己今后的目标没有规划和打算，缺少决心和韧性。做事情不吃苦、不用功，浅尝辄止，不求甚解。

第三，缺少对学习的严谨安排和分解落实。对要求做的作业，明日复明日，过一天算一天。

留言折射出家长的耐心和用心，同时也可看出家长的操心与担心！可是这些留言，学生是可以看到的。在一个新的环境下，人是可以重新来过的，为了不让学生那刚想向上的心有所反复，更为了保留他们的自尊，我给家长提了建议：留言时就输小孩名字的拼音开头字母。

晚上，又翻开了学生的交流日记：

来学校有一段日子了，有点想回家了，这个鬼军训累死人了。真的不想再搞下去，再搞下去只怕会虚脱，真的太累了。但又不得不搞下去，搞军训是为了增强体质、坚定毅力，也不是不好，但实在很累。幸好只有七天，勉勉强强已经过了三天了，再咬咬牙挺四天吧，坚持就是胜利！（皮杰）

【妙如回复】你的交流简短、干脆。太累了，是究竟有多累呢？能细细地写出来给老师看看么？

教官来了，他要求我们站军姿，时间为 1 小时，我们服从他的命令开始站起来。

嘀嗒，嘀嗒……时间一分一秒地过去，我的双脚渐渐不如开始那么舒服了，感到了一点酸痛，咬咬牙，强挺着。

30 分钟过后，双脚的酸痛让我无法再忍下去了，心中很想向教官报告并坐下休息。我还没来得及说，旁边的同学就向教官报告了，教官要他坚持住，可是那位同学坚持不下了，并不断地重复着一句话："我不行了，我不行了……"教官的态度变得比刚才更严肃："不要说不行，你是不是男子汉。不经历风雨，怎么见彩虹！要坚持到底！"

听了教官这句话，心底像被什么触动了一样，全身还像有一股莫名的力量支撑

着我。是啊！在成长的道路中会遇到各种各样的困难，我们不能说不行，要坚持到底，相信困难会被我们征服，要永不言败！（文铭）

"用笑来掩饰掉下的眼泪，用哭来试探自己麻痹了没。累不能让我们入睡，痛不能使我们沉醉，只有坚持，对我们才是真正的对。"

今天军训把教官惹火了，因为我们的表现太令教官失望，一向和气的他也发火了，说明我们的确太不像话了。（凯沛）

今天的军训总算结束了，没想到今天的训练比昨天更加累！今天一开始就站了1小时军姿，把我们蓄了一夜的力气一下子就耗得干干净净。接下来进行齐步走，一直训练到中午。心想下午可能会好点，可我想错了，下午的训练更为艰苦，到最后同学们可能太累了，所以有的同学就放松了，结果全班被罚站。

晚上是拉歌赛，6～10班分成两班人马，分坐两边，只听歌声起伏，好不热闹。不过我们势均力敌，最后嗓子都唱哑了，还是没有分出高下，我想，小卖部如果有喉片的话一定会卖得脱销的。

总的来说，今天过得还是很愉快，希望明天也这样的。（雷一正）

【妙如回复】一正，在军训中，你的确会比其他同学更辛苦，但你的认真，你的坚持，令我欣喜。有志男儿当如斯！相信明天会更好！

中午听说我们寝室又有个人晚上要请病假，我心里很不舒服，我一向认为既然选择参与就要坚持到最后，为什么其他班的人可以坚持而我们班的人不行？总有人请假，军训怎么完成？老师还要我们成为最好之一，可是现在别说最好了，连基本的人数都不能达到，何谈最好？而且让许多同学觉得心里很不平衡：谁不想回去？

下午去训练，教官很不开心，要我们停止练习，改站军姿，我没有什么不服。因为我认为我们真的有错，教官很生气，他说的一句话让我深深记得：你选择了这条路，就要坚持走下去，这是你的责任！

我们的教官对我们失去信心了吗？还会对我们严格要求吗？我希望他会。可是班中总有些不服从的，让我很是失望和心痛。

晚上拉歌，人只要进入状态，完全可以释放自我，我那时是完全忘了今天的所有不快，忘我地放声唱歌。

回到教室，1～5班还在拉歌，很吵，听得心里有点乱，可是我理解，因为我的心情也像他们一样久久难以平复，但现在要平静的不是他们而是自己，我一向认同班主任说的一句话：要是你无法改变环境就要先学会适应环境。

让爱智慧

老师，超过她从来不敢想，我可以吗？要是老师相信我可以，并告诉我具体的方法，再苦再累我也会按老师的要求一一做到，只要是弄不死人的方法。不过这方法是要特别细的，细到每天的每个时段，要不我难以控制自己的玩心。

老师，告诉我怎么洒脱？我似乎什么都放不下。（高凡）

【妙如回复】你问我怎样才能洒脱，先听我讲个故事吧。有位教授向高僧问禅，高僧只字不提禅，只埋头给教授斟茶。茶满了，高僧也不停壶；茶四溢，高僧还不停壶。教授实在忍不住了说：茶已满，您再斟也是白费。高僧笑着答道：是呀，您脑子里装满了自己的思想、观点，如果您不释放一些空间，我再怎么讲您也是听不进的。

高凡，一台电脑没有了空间，哪怕你只保存很少的信息，也只会得到"空间已满，请整理删除后再保存"的提示。

舍弃是一种智慧。当你终于舍弃一样你费尽了心血才得到的东西时，可能一时有点难以平静，但不久你会感到有一种突然轻松的欣喜。

学会舍弃，就是洒脱。

消除身体之累易，减轻心灵之累难。

8月25日 星期四 阴转晴

人才三境

根据这几天观察到的情况和学生日记中流露的一些思想，我于今天早晨和学生聊了近20分钟的"方形模块哲学"。

知识与能力就是长与宽的关系，只有当长与宽等值时，才会出现最大值。本领与机遇也一样，本领高，机遇就多；本领小，机遇就少。

德与才的关系也一样。假如你几年或十几年后成为一位领导，选用人才，德很好，才很差，你能用他做什么呢？才很高，德又不行，你会用他做什么呢？才因德而显，德因才而实，只有德才兼备方能有所成就。

在此基础上我还提出了人才培养"三境界"：

第一境，"方形模块哲学"。就如上面举例所说，当然还能举出很多这样的例子。

第二境，"圆型缩放哲学"。一个人就是圆的半径，你生活的环境就是一个圆。半径短，圆就小；半径长，圆就大。圆大圆小取决于个人。

第三境，"方圆交融哲学"。有形至无形，生存交往遇方则圆，遇圆则方，要学会适应，学会变通。

培养学生须从长远着手，就教育时机而言，有时并不能仅仅停留在就事论事的层面。曲径通幽，要让学生在不经意中明白更深的道理。

爱的较量

游澳如期回到了学校，来的不止一个，还有游澳的父亲和另外两个女孩子。他们来了没有直接进我的办公室，而是在走廊外激烈地较量，父亲声音小，儿子声音大。

他们在外争吵的时候，我正接游澳母亲的电话。她说游澳这几天在家想通了，准备好好读书，就是舍不得离开那个女孩子。

我问他母亲："他们是真的在谈恋爱吗？"

"他自己这样认为的。那个女孩我们请她一道送游澳过来了。"

我走出了办公室见到了两个女孩。一个女孩子是游澳家长请过来的，另一个是那女孩邀请来的。我和游澳心目中的那个"她"聊了一会儿：

"你怎会愿意跟着来呢？"

"帮帮朋友应该的！"

"你以前劝过他吗？"

"劝过！他总说没事的，他很聪明！"

"你真的喜欢他吗？"

"不知道，我们经常在一块儿玩。"

"单独？"

"不，至少有三个以上！"

"如果他真的很喜欢你，也认为你同样喜欢他，你会怎么办？"

"我们只是在一块儿玩的朋友！"

"作为朋友多鼓励鼓励他，别让他浪费了天资。适当的时候也要告诉他你的想法，不然会害了他，也会害了你！"

"这几天，我们几个都在一块儿劝他，他也说从此发奋读书。但到半路上，他又说不想来了。"

"你怎么想？"

"他太自由了！"

游澳生活在自己设想的天空里。我对他父亲说，十六七岁的学生并不小了，他已经想通要读书，却不想在这儿读，你就先带回去，让他再想几天！

游澳看着我，眼里有疑惑也有感激。随即向我道了声"老师再见"就随父亲、朋友走了！

望着他们一行离去的背影，我在心中默默祝愿：一路走好！

就在我准备返回办公室的那一瞬间，只见游澳调转头来，灯光下看不清他脸上表情，只看到他向我摇了摇手……

游澳，你可悟出老师的真意？

> 教师也要学会适当的退让，给学生充分的信任和尊重，让他们有足够的思考和成长的空间。

8月26日 星期五 晴

人齐士旺旺

明天要会操，人数多起来，士气也旺起来。我到训练场，看到教官神色威严，学生精神抖擞，感觉还不错。

但细细一看，又发现了情况：有三个学生受的是"特训"，走同边路，左手左脚同时动。教官让他们出队单独训练，他们几个特卖劲，一次一次反复练习，大家都休息了，他们还在一遍又一遍地和着节奏纠正！休息的同学中，开始还有几个偷笑，可看到他们严肃和认真的劲头也不再取笑！

也许是受这几个学生的感染，也许是会操在即确实有压力，下午的训练大家主动又投入，谁不想表演更出色呢？

我还是很担心我们班会操表演的成绩，看别的班那么卖命地练、教官那么严厉地教，我很担心，虽然我们教官很优秀，可是他对我们的期望好像没那么高，有时我觉得还可以坚持，可教官就要我们休息了，他难道也知道我们是最差的班？

我真觉得其他班上都有这种心态，10班就是最差的班。一开始我也是这种想法，可是我慢慢发现我们班似乎没有我想象的那么差。别的班都很懂事，我很想证明而且在最短的时间证明我们10班的同学真的也很懂事。

我是不是心太急了？（高凡）

良好的氛围是相互影响和感染而成的。

烦恼因杂念而生

今天晚上考英语，说实话那卷子我看都不想看，我英语太差了，有时真觉得自己很没志气，天天抱怨我们为什么要学英语而从不努力。就像全老师对我们说的《浪客剑心》中的一句话：你这几年天天在抱怨自己少了右手，而你又用左手做了什么呢？

我很喜欢全老师，我也知道他很重视我，可他总是不说。我昨天见到他我叫了"老师好"，他只是摸摸我的头，我不想他失望，我相信我再也不会了。

老师前天和我说的那个故事我似乎没明白您对我说了什么，我似乎觉得这故事不是我的，不太明白……

我知道自己要抓紧英语的练习了，英语从头开始，可是对英语我真的很容易灰心，真不知道怎么办。也许交白卷不太光彩，这张英语卷子是我高中最丢人的历史，没脸见关心自己的人……（高凡）

【妙如回复】故事没明白，就放一放，以后自然会明白。放下包袱，轻装上阵。你就洒脱了。

对着天空忘情的凝视，久久的翘首，自由和快乐便会从心底升腾。

每个学生都有一颗向上的心

学生军训的目的是培养团体协作、奋进精神，强化个体坚持、坚强、坚定、坚毅态度，并严明纪律、规范一致。

今天，班上学生从上场到退场均能步调一致、协同合作，尽管这些学生中几天来有在吃药的、有在输液的、有刚手术完的，但他们都坚持上场，令我们不得不从心底里感动：确实没有不好的学生。

尽管其中不排除老师和教官的"逼"的作用，但能在被逼中提高，说明有技巧的"逼"也是一种有效的教育手段。

当然，我们对学生的要求也应该参照其客观事实，不同的起点应作不同的要求，且应遵循循序渐进的规律，对学生逐步提高要求、提高标准，每个学生才有可能一步一个台阶地提高。

有学生在交流日记中这样写道：

下午会操时还是挺紧张的，非常怕自己出错，一上场两脚控制不住发抖。我下了非常大的决心还是控制不住，后来我慢慢放松，就好多了。

明天教官要走了，真的有点舍不得，他对我们还是不错的，我们虽没有拿到前三名，但在十个班中我们能排在第五，我还比较满意，因为大家尽力了。（高凡）

军训结束了，马上就要开始常规学习，我已经开始给自己制定目标了。明确的目标使我们看清使命、产生动力，目标使我们觉得生存的意义和价值；目标有助于我们分清轻重缓急、把握重点，目标使我们集中精力、把握现在；目标能使我们产生信心、勇气和胆量。

在以后的学习中，我要依照自己的目标努力学习、天天向上。我会用钢铁般的意志，不懈努力，坚信自己会成功！我决不会放弃，会尽最大的努力来实现自己的目标。（成靖）

永不言弃，这是人生的高境。

干部选拔顺"民"意

今天上午，确定班干部。通过几天军训，我清楚哪些学生可以一试，但我不想任命，而采用提名加竞选的方式进行。先由同学提名，再由被提名同学演讲，最后大家投票确定。在提名中我发现，军训期间全面负责的吕欧竟没人提名，这几天他工作负责，处处做表率；高凡的提名也不多。

针对这种情况，我作了一些适当的引导，泛泛地谈了"集体是大家的"道理和干部的职责要求，谈完之后，我发现那些认为好玩的或无所谓的甚至认为事不关己的似乎都认真起来了。演讲之后的投票结果不出所料：高凡当选为班长，吕欧为团支书。

将"规则"技巧地渗入学生心中，才能更容易被接受。

竞选班长我胜出了，我很开心。但是我深知，我们班还有比我更有能力的同学没有参加，这让我有了机会。我当然也会抓住这次机会，好好地锻炼自己，把这个班搞得有个性、有成绩、有纪律。

爸爸听了我当班长的事似乎没有我想象中的开心，他怕我把学习丢了，我没有跟他说老师对我们说的"智慧和能力之间的关系"，因为我要给他的是惊喜，我相信自己可以。（高凡）

网上留言

◆凯沛家长：这周是孩子放入贵校的第一周，也是纪律最严明的军训一周，我十分赞同从严治校，也定将从细处着手，积极配合。我十分信服您的"细节决定境界"。也只有这样，小孩才能真正学点东西，才能真正由一群毛孩子塑造成为有用之人，贵校也才能真正体现出"塑造"人才的特色。

陶老师对每个学生给定具体学习和冲刺目标的方法确实不错，也必须强制他们将目标分解落实到每节课、每天、每周、每月的进度中去，并以周为周期进行检查，我如果有时间也会定期或者不定期地按照这样的进度进行检查。

第二章

天下有始，以为天下母。既得其母，以知其子；既知其子，复守其母。没身不殆。

——《老子·第五十二章》

认识了事物的本源，掌握了识别万物的方法，就应该可以很好地引导学生了。

怀揣梦想上路

怀揣梦想上路，人总能激情无限。因此让学生树立目标是关键。

开学时曾向学生提出了几个思考题，从他们"我不知道""我还没想过"等回答可知，引导他们动起来，制定明确的目标和计划，激发他们积极向上的决心，是班级建设的头等大事。

"怀揣梦想上路"是我提出的九月班级主题活动。我要求每个学生根据自己的情况，拟订三年的规划。三年总目标，三年分段目标，具体操作计划等，小组之间相互交流并将这些在班级墙刊里展出。

谁不想自己的那块小纸片是最吸引目光的呢？而提出要将这些小纸片组合成一个有机的整体，形成一种班级团结向上的象征的要求后，学生更是热情高涨。于是班长做主编，由他组阁"班刊编辑室"，报名参加的人非常踊跃。

自律能力尚待提高阶段，他律的协助是必要的。小组之间交流就是一种他律形式，班级墙刊展出更是一种长期的无声的制约举措。

> 心有多大，舞台就有多大。

今天终于开始上课了，心里既兴奋又紧张。兴奋的是可以抛开以前的包袱重新开始新的"旅程"，紧张的是怕上课听不懂、学不好。但是，一天下来发现高中的课程也没想象中那么难，只要上课认真听还是挺容易的。保持这种状态，一直冲下去！（皮杰）

今天是第一天上课，我感觉到高中的思维方式和初中的大不相同，虽然有些不习惯，但我还是要努力地去适应。从今天所上的课来看，好像在以前学过的基础上都加深了，绝大多数题目都要多动脑筋，老师也说过，高考题目活。所以，我现在必须养成一个爱看、爱练、爱读的习惯，只有这样一步一个脚印地落实下去，高考才不会吃亏。

上完了今天的课，我想向老师们提一个建议：上课的时候幽默点。这样同学们容易接受些。一句话——兴趣是最好的老师。（皮嘉欣）

今天正式上课，自我感觉还不是很认真、不是很努力，因为我要的是比别人多十倍的努力，我相信我完完全全没有做到，心静不下来，不专心，班上的一点点风吹草动都可以让我飘到那里去，为什么静不下呢？

"心神皆到，难亦不难"，我到底有什么放不下？还是有什么事没有做？静心这一关过不了，就老觉得自己什么都没有做，生活一点都不充实，这样自己也不会打心底里开心。

我想要快点充实起来，但心底却还是翻滚的，这更让我心烦，真的很不安。是不是我想得太多？（高凡）

【妙如回复】高凡，《庄子》记佝偻丈人承蜩的故事，说道："虽天地之大，万物之多，而惟吾蜩翼之知。"当你专心于一件事情的时候，你会感到一种忘我的、融于自然之中的快乐。

上午，班上来了个新同学成鹰。领导们说是给"机会"的。第二节课，我见到了这个男孩：不高，但很结实；五官清晰，但眼神比较复杂……

今天对我来说是个特别的日子，几分开心下又莫名地有几分忧愁。

既然来了，就把心静下来，慢慢地度过吧。

我也17岁了，有自己的想法，别人用什么眼光看我，我都无所谓，主要是自己。

自己选的路，不管以后结果怎样，我都不后悔。（成鹰）

8月30日 星期二 晴

把教材读活

课堂是育人的主阵地，高效利用课堂是教师实施教育的关键过程。高一语文第一单元学诗，借学诗来激起学生爱学习、爱生活的兴趣，那是怎样的乐事呢？

语文的工具性与人文性应当高度融合，要开创一条语文教学育人的路子来。教学这一单元时，我打破常规一首一首学的做法，确定"整体赏读"策略：

第一阶段通听：教师范读、录音听读、情景赏读。

第二阶段通读：人人都要表演读。

第三阶段赏读：以鉴赏的形式展开学习（结合高考赏析题），每人必须写赏析文章两篇。

第四阶段：练笔运用，学着写诗。

这几天学生的交流日记越写越长，从言语中感觉到，学生适应环境还是比较快的，大多数人比较平静。这应该是属于新环境效应。

信任就会激起责任，"信而不疑"更会激发学生潜能！

幸福像猫尾

时间一晃就过去了，转眼开学已经成为过去的事。

该适应的都适应了，该放下的也已经放下了，很多很多的东西都在时光的流逝中悄悄变化。

阳光的照耀下，我们已不再哭泣，那些伤痛也已悄悄蒸发。一切都不再昨日。夜色的笼罩下，想家的时间越来越少；目光中的呆滞，慢慢转变成愉快。

或许，雨天已经过去，阳光的日子已经来临了吧！

妈妈的到来，让我很吃惊，今天才星期二。

我正处在睡梦中，朦胧之中，我听到有人在叫我。我睁开眼——是生活老师。"苗曦，有人找你！""谁呀？""不知道！""那待会儿再去吧！"我继续睡觉，过了一会儿，"苗曦，是你妈来啦！""真的？"我马上坐起来穿好衣服跑下去……

我和妈妈谈了一中午，没再像以前一样见面就吵。或许是因为在家里妈妈太宠我了，反而让我不理解幸福的概念。现在，妈妈不可能天天宠我了，我才明白，幸福一直在我身边。

有人曾说：幸福就像猫的尾巴，猫越想咬住它，它就越是追不到。有一天，猫不追了，它就停在猫的身后……

我就是猫，一只愚蠢的猫！（苗曦）

8月31日 星期三 晴

来自家长的建议

这几天，接到的是家长的问候，听到的是委婉的嘱托，感受到的是每一个父母那滚烫炽热的爱子之情和那份焦灼。有家长留言问：学校有没有临时家长教育室？下次我过去您可否借个稍微独立的地方，便于我做封闭的家长教育。还有家长将自己到学校了解到的情况反馈给我，并提出了建议：

今天来校看孩子，也发现在学生管理上还有几处需要加强的地方：

1. 学生中仍然有乱吃零食的现象，导致学生互相仿效，不吃正餐，生活节奏被打乱。

2. 奇装异服和留长头发、戴首饰必须坚决劝改，否则互相攀比，分散学习精力。据说有个别学生还带人偷偷抽烟。

3. 您所在的班属于基础较差的班，我这次感觉您班的学生存在两种脆弱的心理倾向。

一方面，因为他们知道自己在高一 10 个班中基础最差，如果学校或者老师在教学关怀上不给予正确激励或是适当偏重，教学进度或者教学内容赶不上其他几个班，他们极容易产生自暴自弃的脆弱心理。我这次过来从他们嘴里开口闭口"垃圾班"的说法中，就已经明显感到这个问题的严重性。所以，最好是以"激将"的办法激励和引导他们付出比其他班学生多出几倍的努力来弥补自身不足，一旦把他们的心给静下来，学习也就上去了。

另一方面，您班上的学生调皮的居多，他们的个人天赋并不低于其他学生，只是用于学习的精力偏少或者静不下心来。而这帮调皮型的学生往往在其他方面都有特长，很容易自命不凡，又存在着一有成绩便沾沾自喜的心理，他们很容易在取得一点什么成绩后就得意忘形，缺乏细致钻研的精神。

这两方面的倾向构成了他们非左即右、既娇又骄的不良心态，这是学习的最大忌讳，也将是您面临的难题，更需要您在教学外更多地进行心理调适与引导，更需要您和其他任课老师们细致把握和不断区别调整。所以要请您多费心了！

至于家长的教育和配合，我们呼吁全班所有的家长都要给予足够的支持，相信大家是能够理解和配合的。我们的目的只有一个，就是希望孩子能够真正学有所成。

> 好习惯的养成不是一朝一夕之功，要想改变一种不良习惯，更需要持之以恒的引导。

游澳回校了

做人，要想有一个新的旅程，有时必须做出艰难的选择。游澳终于做出了决定：回校来读书。

难得的一个大晴天，可知我的心空是否同样晴朗……

郁闷中，时时刻刻萦绕着前所未有的空虚和寂寞。世界不存在，你不存在，我，也不存在。只有无边无际的伤痛飘洒在神秘的宇宙空间里。

又回到学校了，半年多没有拿过书本的我，还能迎头赶上么？

我不爱读书，我不愿读书，但我不能放弃，我必须努力，我一定得读书，我要考上大学！这些是我所想的。

你必须读书，你不能不读书，你得加油，你得考个名牌大学！这些是父母与叔伯们下的命令。

你要好好读书呀！你要过得开心点儿。你不能堕落！这些是她对我的提醒。

人要我学，我要我学，我要学，我要学！

恨不得在沉沉的午夜，在星空下咆哮，再伸展双臂迎接未来！

天生我材必有用，老师，我要控制一下我的个性，我会加油的，成功的路上还得您多加照顾了。（游澳）

【妙如回复】人只要拥有了改变自我的勇气和"再生"的决心，就能发挥出最大的潜能，就能创造崭新的人生。放心，老师们将伴你一路同行！

命运掌握在自己手里，真想改变自己，什么时候都是起点。

9月1日 星期四 晴

想打就得打得漂亮

篮球友谊联赛是高一的传统项目，计划从9月1日到12月底结束，篮球赛将贯穿整个学期。

今天有篮球友谊赛，赛前我做了点动员——想打就得打漂亮。所谓漂亮，就是将力量、协作和技术发挥到极致。只要上场，就得拼；不拼，就进不了状态，达不到境界。

赛后又做了点总结：今天的球打得漂亮，有抢，有争，有追，有赶，有呐喊助威，活动开了个好头。

今天眼睛终于好了，还痛痛快快地打了一场篮球比赛。我们班真的很齐心，不论男同学还是女同学，都在努力。加油声此起彼伏，这是有集体荣誉感的表现。为了这个集体，我们团结在一起，同学们相识没到两个星期，就有这种团结的精神，我真的很开心，这才是我们10班！团结一心，共同进退。（范典）

今天的比赛，我们胜利了，但鼻子被碰了一下，好痛啊，继续努力！

整个9月，慢慢地适应学校的生活吧。学习呢，尽量吧！毕竟自己也没什么兴趣，再说也荒废了很久了，慢慢来，尽量不给10班添麻烦。（成鹰）

一场球赛，瞬间飘影，团队不是个人。大树不长孤叶，孤叶只会凋零。

团结就是力量，一根筷子轻轻被折断，十双筷子牢牢抱成团，一个班要团结才会有进步，一个国家团结才能发展！（李哲）

第八节课篮球赛，本应是件很开心的事，我们班胜了更该高兴，可是没有人可以从我脸上看出胜利的喜悦，我碰见几个人都和我说：输了？脸色这么差。

今天老师您说了我，心中总有些不服，我是推掉画画时间来看比赛的，我看得太专注了，没有组织好大家是我的问题。保证下次不会再发生同样的事了。

不知道您有没有看出我们一点都不团结、不像个集体，成鹰几次在球场上发火骂自己的球员，我不否认他有实力也知道他希望我们能以大比分胜出，可是谁不会出错呢？大家都在努力，有什么理由骂？我们队员个人技术真的不错，可是大家不像集体，一支弱队也可以打败我们，在场上队员出错更需要安慰而不是斥责，球队不是一个人的，这场球让我觉得这个班一点也不成熟。

我知道我没有组织好大家，我没有做好，我也要锻炼自己，场下的队伍我已经知道怎么做了，而场上不像集体我要怎么办？

这场球我们真的败得很惨，不是败在比分上，而是败在合作上。现在班上很多同学都很生成鹰的气，说下场球不会再上场了，这样哪还有什么希望胜出？比赛前都发誓全年级第一的士气一点也看不到了。（高凡）

【妙如回复】你能看到这些很不错，但作为干部要培养自己的全局观念，要树立服务意识。看事情要先看主流，发现问题要想办法解决，而不是牢骚。很多同学生气，你就要做好工作，一个班需要靠班长协调团结一致。成鹰在下球场时我就已经交流过，你多和他聊聊，大家都帮帮他，我相信他能很快地融入集体之中！

你应相信：每个同学都和你一样有一颗向上的心！

沙漠里看到风景的人是他内心有风景。

9月2日 星期五 阴转雨

分手只要一秒钟

心情和这天气一样，阴沉沉的。

晚自习前，我的一个老同学跑来对我说，她和别的男生在交往。我不管老师您说的是友谊还是知己，当时我心情很差，差到极点。不因为别的，就因为她说都没和我说一声。

我有经验，这事我一般会郁闷一星期，也许更长时间。（高凡）

【妙如回复】高凡，给你讲个小故事吧：

据说拿破仑曾与一位贵族家小姐恋爱，交往很长时间后，小姐父亲说这个人门第太低，看样子又没出息，不同意。小姐苦求父亲不成，只好向拿破仑提出分手，又怕他想不开，于是尽其所能去安慰，哪知拿破仑却笑着对自己所爱的人说：这有什么，分手只要一秒钟！说完头也不回地走了。

很多事情当时看起来很复杂，或者很让人难受，但等一段时间我们再来回味时，又觉得其实很简单，也就那么回事，没什么大不了的。其实，你文中的她也没给过你什么承诺，她就没必要连和谁交往都要请示你，是不是？

淡然面对，处变不惊，也是一种境界。

春起之苗，日有所长

　　早读，在黑板上写了"勤如春起之苗，不见其增，日有所长"之句，每晨一条，应可得潜移默化之功。

　　学生写诗的热情上来了，也能写出一点诗意。

　　轻轻地走了/拖着沉重的枷锁/铁轨也送来幽波/慢慢地/街灯在眼前弥漫/闪烁/飘零/就像这杯咖啡/藏在苦里的甜味/悄悄地走了/心/却在那刻停留/停留在落叶的季节/也许/我需要一对翅膀/就算黑暗/也不能阻挡（李哲）

　　一曲新歌/开始了/是灿烂的笑/还是忧伤的泪/晚风一阵阵/是温馨还是萧瑟/一瞬间明白/却依然无奈（金岭）

　　梦，将从今天开始/找回自己的第一灵感/坚韧不拔的毅力是必不可少的帆

　　将踏上一列奔驰的列车/那么梦将是必不可少的轮/给我一个新的支点/我能撬起整个地球

　　寻梦，三月的柳絮不飞/我的心如小小的窗扉紧掩/渐渐地，在梦中找回/勤如春起之苗/不见其增/日有所长

　　心中的信念永不动摇/开启梦中的钥匙/成功只有一步之遥（皮杰）

　　我要让自己拥有一个梦想与目标/因为梦想和目标本身就是对我最好的激励/让我激情每一天/精彩每一刻

　　我要让自己拥有一个梦想与目标/因为梦想和目标本身就是对我最好的鞭策/为了我的梦想和目标/我必须苦心智、劳筋骨、饿体肤、空乏身体/就像生活在"地狱"之中一样

　　人的头脑不是一个需要填充的容器/而是一支需要点燃的火把！/而梦想和目标/正是我需要点燃的火把

　　当火把点燃时/我将在火把的照耀下走向美好的明天（成靖）

　　老师，您能不能再选一个语文科代表，很想帮帮您。我也有一套学语文的方法（大部分是写作的），而且我很爱语文，您这次选的是金岭，有些遗憾，但并不想抢

走她锻炼的机会。而且我们是好朋友，希望能和她好好合作。老师，可不可以考虑一下，我绝对是真心的！（苗曦）

【妙如回复】我从来都不会拒绝多一个助手！

网上留言

◆某家长：您班学生的诗作蛮有功底、蛮细腻的，反映的主题也基本都体现了这个年龄段学生的真实情感，渐渐远去的童年与对未来世界的憧憬和忧虑矛盾交织，碰撞出一束束火花！尽管他们还浮躁，尽管他们缺少持久专一，但作为家长的我们的确需要慢慢发现。

9月4日 星期天 雨

星星之火，可以燎原

学生写日记的热情保持下来了，其他学科老师反映也好像蛮认真。我提高了要求：你的诗作、文段让人看了，要能启人之悟，激人之思。

文科的学习，只要循序渐进，要求逐步提高，学生是能慢慢跟上的。

明 天
凯沛

蓝天，美丽，现在不看/明天的它将会有白云装点
花儿，鲜艳，现在不采/明天的它将会更耀眼
草莓，诱人，现在不摘/明天的它将会更惹人喜爱
为了明天/请忍耐着今天/明天将比今天更精彩

故 乡
文铭

心中的故乡是一条长长的河/清清的水，水中有鱼/我常在河中嬉戏/那是我的

童年

心中的故乡是一座高高的山/绿绿的林，林中有鸟/我曾在山中寻找/那是我的少年

我热爱我美丽的家乡/我想回去/但我不能/为了我的理想/我在离故乡很远的地方/寻找方向

一直……
苗曦

明明是我伤害了她/却一直以为是她伤害了我/明明是我犯下了错/却一直认为是她负了我/人明明消失了/我却还一直在追寻

缘明明不在了/我却还一直不舍得放开/我一直压抑着自己/心却一直想得到自由/心明明很痛/我却一直不肯承认

天明明很蓝/却一直下着丝丝细雨/雾明明散开/我却还一直那么迷茫

夏天明明走了/我却一直以为秋天还没有到

家长又有鼓励和指示了：凯沛的诗立意不错，但缺少生动的刻画及形象的塑造——必须克服的软肋。

家长之言颇有见地。但针对现在的学生，激发兴趣当是第一要义。

晚上全老师留言：这个方法很好，今天晚上我在2班推荐了10班的诗与周记，说过两天要打印几篇给他们读读，相信他们也会受到鼓舞。

课堂里读、赏，人人上场，谁不想表现出色呢？有感就发，有话就写，兴趣与日俱增，满是稚嫩却带着活力的诗句批量产生。

毛毛细雨，飘飘飘。

这是浪漫的时候，这是让人"倍思亲"的时节，这更是给予我们鼓励的时刻。

雨淅淅沥沥地下着，我们正一点点地长大，脚踏实地，连雨也为我们骄傲。

因为它的怀抱中有我们，我们的努力它看在眼里，记在心里。

它正注视着我们的成长，以它的方式留下大家的希望。

我们与雨相拥。（金昭锡）

读书如游山，触目皆可悦。千言与万整，焉得穷曲折。

平和让理解升温

班上又来了两位男生，一名符丹，一名焦达。也是学校再给一次"机会"的。两位学生的到来，活跃了一些同学。但更多同学问我：怎么打了架的就进我们班？我回答：有你们，他们就不会了！

今天晚上，心情很复杂。因为爸爸来了后说了很多：为什么去打架？为什么要讲哥们义气？为什么把他以前说过的话当耳边风？为什么要抽烟？为什么做的一系列事情都那么愚蠢？一系列的问题问得我无言以对。因为，我又一次要爸爸出面讲情，我能说什么呢？

这次他是带着脾气来的。这次是他对我发的最大的一次火，我从来没有见他这样过。我的确很对不起他，所以我流下了眼泪。但是，这种严厉对我是否公平呢？虽然他为我好，内心急切想培养我，所以强硬了点，但是他对哥哥的态度全然不同。哥哥打架被开除，他没说什么，只是一句"别再犯了"；哥哥在校门口抽烟，老师管他他还出言顶撞，他也没说什么，只是要他注意点；哥哥谈恋爱，虽然他发了火，但是没用之后也不怎么说了。哥哥说什么他都信，而我，能信一半就不错了。

这样大的区别，我作何想？我认为不光是我，我觉得所有的人都会受不了。即使是为我好，同样的爸爸，同样的错误，区别这么大，谁受得了？

他今天骂了我，骂得很难听。还说有我没我都是一个样，有一个就行了。我该怎么做？我还会有信心去改变自己吗？

他还说我可以去自杀或者离开这个家庭，他随便，他不会阻拦。我当时真的很想离开，但是我还是没有。既然他知道可能造成什么都还要这么做，他难道是真的不再爱我了吗？

也许我今天所说所想太过偏激，但是这也是人之常情，因为他的不公正我真的受不了。

他今天跟我说的话，不管好的还是坏的，我都听了。好的，我会努力做好；坏的，就让它过去吧！

也许他的不公正是急于求成，想让我早点成人。我会慢慢去理解。（焦达）

【妙如回复】焦达，还在初一时，你父亲就跟我说你像他，聪明，比哥哥要听话得多，成绩也好得多。你爸爸将希望寄予你身上，认为你会特别听话，不会让他操心。

等你到青春成长期的时候，你哥哥已经安静下来，懂事多了。家长是不会记得孩子过去怎么不好，只会看眼前表现如何，所以，他反过来又拿你跟你哥哥比。你的父亲从对你哥哥的教育上意识到，对你哥哥太放任，实际上是害了他。所以他再次将你送到这所学校来。他说，以前他太偏爱孩子实际上是阻碍了你们的发展，所以他说，为了让你成才，他要硬起来。

父亲对你与哥哥的不同方式，那是从过去的教育里面吸取了教训及经验。你哥也很有潜质，如果你爸爸对他更严格一些，他会更优秀一些。

你很幸运，你爸不再偏袒你。

你很幸运，你将受到严格的做人训练。

往高标准看，用最高规格要求自己，你真的可以成为最优秀的。

珍惜拥有的！珍惜现在！

过分的偏袒是一种伤害，严格的要求才是深爱。

自省可积其厚

上晚自习考数学，我想着考好一点，想着自己是班长要带好头，但做着做着越来越觉得难，越来越不想做，觉得这些题和我以前做的一点也不一样，怎么有这么怪的题目？还有一道题小学生都会的，我都没有答对，我根本没向那方面想。我是怎么了？我想用最快的速度证明自己，可是为什么进步总是很慢？我很努力了，真的，我真的这样觉得，几乎是尽自己的最大努力了。有些灰心了，到底是我基础不好还是这题目有问题？我想还是心态的问题。（高凡）

【妙如回复】你太看重结果，所以你带着枷锁上路；你太求完美，所以你总是背着包袱前行。高凡，其实你已经很不错了。

"我想用最快的速度证明自己，可是为什么进步总是很慢？"字，由一笔一画写成，你能一笔写出长篇巨著吗？知识是由点点滴滴日积月累叠加而成的，想想看，一天能成为受人敬仰的鸿儒吗？如果我们在行动的时候，总想着结果会怎样，那你是享受不到成功的快乐的。享受扎实，享受勤奋，享受过程。一个人取得成就与否，是看他对目标追求是否执著。

让爱智慧

这段时间，高凡确实用功了、努力了，效果总不理想，像这样的同学班上还有好多个，程度比他还差。减轻心理负担是关键。

人活着是为了什么，人来到这个世界又为了什么，难道只是为了感受孤独，来尝试世上的煎熬？

读书对我来说，已经无所谓了，我也知道，将来并不一定要像哪位名人一样流芳百世，我只要，能让自己开心。我比同龄人经历过更多的事，有更多不同的想法，我不需要自己成为一颗闪亮的星星，也不在乎别人用怎样的眼光看待我，只求自己走的路，不要让自己后悔，我也绝不后悔。

是在哪儿迷失了自己，又能在什么地方找回自己？（成鹰）

【妙如回复】并不是每个人都要考上大学才有用，也不是只有把书读得很好才叫好。尽自己的力，多学习一些知识，绝对不是坏事。古贤云：贫者因书而富，富者因书而贵，贵者因书而智，智者因书而乐。趁现在年纪小，接受知识快，多读点书。开有益卷！

首先，让自己振作起来。我知道你是个善良的男孩，有感情，讲友情，同学们都很喜欢你，在日记中都写到你为班级篮球赛立了大功！看看《三国演义》，气宇轩昂的关羽，英姿勃发的周瑜，他们会让你受益良多。

其次，让自己充实起来。日积月累会让人越来越丰富。书中那波澜壮阔的场景，那引人入胜的情节，呼之欲出的人物，妙趣横生的语言，会让你活力顿生。

最后，让自己智慧起来。大气、大勇、大智，方显男子汉风度。料事如神的诸葛亮，知人善任的曹操，会让你豁然开朗，智慧无穷。

我借了本高中生必读名著给成鹰，要他读完一本换一本。

我与领导、家长交流：不管孩子今后的路怎样走，先让孩子身心健康、乐于获取才是关键。

希望别过高，相逼别太急！

为师者当求师生共同进步之道，方可真正为师也。

9月6日 星期二 小雨转晴

"日有一创"

这两天从课堂、学生交流中都可明显感觉到，学生已感觉到学习的吃力，信心也好像下降了许多。为了让学生增强自信，找到进步的方法，我和学生聊了一些启智性话题：

《思维的方法》一书的作者奥斯本，只有高中文化程度，25岁时失业了。他不放过任何一个找工作的机会，在一家小报社应聘时，主编问他，在办报方面你有什么经验和特长？奥斯本如实地介绍了自己的情况，最后补充说："不过我写了篇文章。"

主编边看边摇头说："年轻人，你这篇文章写得不怎么样，甚至还有不少的语法及逻辑修辞方面的毛病……"

"可是这篇文章也有独到的东西！"

"是的！有独到的见解，这一点很可贵！凭这一点，我愿意试用你三个月。"

奥斯本从主编的话里意识到创造性有多重要，他要做一个有创造性的人。从上班的第一天开始，就给自己订了"日有一创"的计划，展开神思遐想。结果，他仅用两年时间就获得多项专利，成为一家拥有巨资的公司的副董事长，《思维的方法》就是他研究创造的成果。

拥有不甘示弱、敢为人先的创造精神是挖掘自身潜能、创造奇迹的基础。我们读书也可创造性地读，要想"日有一创"，先来个"日有一试"，将别人好的学习方法先试一试。

一米阳光暂照不亮那裱糊了的胸膛

同样的，又过了一天，时光飞逝。

天黑天亮，总觉得时间有的是，但回过头，人的生命又少了一天。

自己的身边总觉得少点什么：亲情？不，一个享受过量的东西，自己都没什么感觉。友情？那些人只要放在心里就够了。难道是爱情？不，更不会是，那些傻子才要的东西，从不属于我。

天天想着一个17岁男孩不该想的事，等待着慢慢颓废、享受衰老、孤独找回自我的那天。

身边还是差个在乎我的人，生命差个给我动力的人。（成鹰）

【妙如回复】在乎你的人很多，父亲、母亲、祖父、祖母……你所有的亲人。在乎你的人很多，老师、同学，以及所有的朋友。

其实，别人的在乎不是最重要的，最重要的是你自己在乎自己。

给你动力的人很多，你信任的人，都能、都会给你动力，你善良、仁义，谁会不给你动力呢？

但是，真正给你动力的人是你自己，当明确了目标，想要成就一番大业，你就会产生动力；当沉下心来做一做每个人都做的让自己充实的事——读书，你会觉得这是件很美的事，你自然就会产生动力。

总之，动力来自自己，命运掌握在自己手里，前途控制在自己脚下。

成鹰，17岁男儿，当自强！

17岁男儿，后面有许多支持你的墙。

写完这些，我并没有轻松，我知道一米阳光暂照不亮那裱糊了的胸膛。

网上留言

◆凯沛家长：在您的调教下，凯沛最近学习兴趣似乎有所提高，非常感谢您的悉心教导！但是他不够勤奋、没毅力、不爱钻研、缺少计划性，而且存在学数理化不看教材和例题、不记公式定理，学英语不记单词和语法的毛病。我星期天特意给他买了一套数、理、化、英的"一课三练"同步练习和数理化奥赛练习，要求他按照上课进度完成并检查，以此克服懒惰，促进计划性和坚持力。拜托您百忙中帮我检查他的进度，并给予适当压力。谢谢！

> 有时候，我们需用放大镜看孩子们的优点。

9月7日 星期三 晴

你也可以智慧

今天早晨，我以聊天方式和学生谈怎样挖掘自身潜能，创造奇迹。

我们常听到一些人说"我已经尽力了""我想尽了办法""孩子们还是不学不听""他们什么都无所谓""根本就没法子管"如此等等。育人不是件容易的事，不然怎会有"十年树木，百年树人"一说呢？

育人是要讲究智慧的。智慧是什么？智慧是引领人走向辉煌的路标。

怎样让自己具有智慧呢？

《西游记》是一个寻觅智慧、追求智慧的故事的集合。九九八十一难，走不完的坎坎坷坷、数不尽的妖魔鬼怪，但为了取得佛国的大智慧，唐僧等人何曾怠慢过一丝一毫？什么样的妖，哪里来的魔，查清渊源，找寻降服的方法，能降的就降，能疏导的就疏导，要求助时就求助。

取得真经，需要勇敢，需要百折不挠，更需要能力和方法。

什么是勇敢？孙悟空面对难关不退缩，就是勇敢。历史前进的车轮首先靠勇敢来带动。勇敢，是进行的起点，是成功基石。勇敢，是怕应该怕的，而不怕不应该怕的。

智慧的背后是百折不挠。唐僧师徒取经途中，险象环生，磨难重重，他们不灰心，这就是百折不挠。生命中没有坦途，只有执著地保持那份坚强，迎难而上，才有希望达到成功的彼岸。

智慧的养成，还要培养能力，探求方法。有能力上，没有能力借助能力上，这更是智慧。《西游记》里这样的故事就多了，我们学习的文本中，我们生活的周围，你们的父母、老师那里，这样的例子比比皆是。只要有心去观察、去发现，就能积累智慧。

不要等待，只要认识到了，就赶快把握住，这是智慧；快乐点，微笑着面对每一天，这是智慧；学会审视自己，是一种智慧；保持一种平和的心态，是一种智慧；知难而"退"，是一种智慧。一切存在的，反复探究后都可能发掘出智慧。

追求智慧，是挖掘自身潜能、创造奇迹的关键。

遗忘你的是你自己

总期待下午那一个多小时的时间，能把不开心的事都发泄在篮球场上，打得自己身心疲惫。

但每次打完心中总会有莫名的失落、空虚缠着我。

要星期五了，快回家了。等待着。

今天天很蓝，云很白，但风很凉。风为什么不能把我心中的不愉快带走？不知

不觉，夏天过了，秋天来了，从前的我被遗忘在哪儿？（成鹰）

【妙如回复】遗忘你的是你自己！男孩，男孩当有男孩样！别一天到晚多愁善感，让自己阳光起来！

写完这几句话，觉得语气过强，想再补两句。可将他前面所写交流日记反复翻阅后觉得：过分呵护对成鹰来说是一种伤害，私下直言点拨是转化他的策略！

仅仅依靠呵护来成长，永远成不了坚强的人。

9月8日 星期四 晴

带上三句话上路

今天我轮休，刚好女儿要去上学，我向她推荐了《带上三句话上路》这篇文章，文章主题是：带上快乐的情，带上执著的意，带上感恩的心。她读完说："妈，你可以有计划地向你的学生荐读美文、名著，让他们多一点积累，又知道时代的需求。其实他们都是想读点书的，只是一直徘徊在殿堂之外不知里面的精彩。你一荐读，学生就进去了。"

的确，让学生静下心来读书，读好文章，是提升其品位的重要举措。美文荐读就从《带上三句话上路》开始。

班主任今天休息，我对自己说一定要把班管好，没有吕欧的帮助，晨跑我想会有点困难。我6:30多一点到的，可是还只有很少的人到，早上副班主任都来叫我们了，可是为什么还有那么多人这么慢？跑步的时候没有人掉队，有一个人说脚疼提前走了。跑到学校大门口时女生们坚持不住了，都落到了后面。带队的体育老师看到后很生气，叫我们跑完了留下来。我听了很生气，生气我的努力又白费了，生气体育老师为什么只看到我们一个班？我们后面还有许多别班掉队的女生呢，我本来想和体育老师好好评评理……（高凡）

【妙如回复】高凡，首先，我要表扬你，你有责任感！其次，我要劝你，不要生气，要用生气的时间去观察、去思考：为什么会掉队，想些什么办法能解决？最后，我想提个问题考考你：我们如果做得很好，体育老师会生气吗？

"吾日三省吾身，则知明而行无过矣。"我们在观察别人的同时，还须拿一只眼睛来注视自己，不断地反省自己，时时琢磨。这样，个人才会优秀，自己所属的这个团体才会达到你所向往的那种境界。

9月9日 星期五

是偷，也要帮助他改变

快上晚自习了，我进教室，一个同学站起来说：陶老师，我的随身听不见了。另一个说他的也不见了。我顺口说道：又不用它听英语，不见了，就不见了呗。

我说这话的时候眼睛看着后面的墙，像根本就不把它当回事似的。

什么时候？我突然问一句。

洗澡那段时间，放在床上的。

这样吧，这次呢我就帮你们找出来，以后再不见了，或者另外有同学不见了就别告诉我了。说完，我要成鹰随我到办公室帮我拿点东西来。我把他抽出来目的只有我清楚。几分钟后，我又要成鹰到教室说，416寝室的同学谁愿随陶老师去取的就出来。一个学生很兴奋地跑了出来。

我和他边走边聊。到寝室要生活老师开了门后，我就对这位同学说，随身听就在你们这间寝室，你帮我找出来。

他迟疑了一下，惊讶地看了一下我，随后低着头说："陶老师，我错了。我只想好玩逗他们一下。"

逗他们一下？他们这里找那里找，你怎么不拿出来？

第二节课上课铃响时，我进了教室，将随身听给了学生，他们满是惊讶。我没有过多地在班上讲这件事，只是讲了开玩笑不要出格，出格就会被怀疑是偷，并讲了"一个鸡蛋，一世名声"的小故事。

那个自认为是"开玩笑"的学生写了很深刻的认识书。我与家长一道对其进行了较长时间的严肃教育。同时向黄主任汇报了，黄主任同意我的处理请求并和学生个别谈了话。用黄主任的一句话就是：即使是偷，也要帮助他改变！

让爱智慧

今天听到寝室的事，有点吃惊，但觉得，"人心隔肚皮""防人之心不可无"这些话说得好，做人，对谁都要有点防备，毕竟人都是有贪念的，我们都一样。

我感觉也很灵，陶老师您应该是知道，不可能是他们没找到，而是陶老师想给某人机会，毕竟，人谁无过，但我们希望，自己身边的兄弟把这种习惯要改掉。

不过，我好想知道您是怎样查出来的。

还有，我现在变得并不是像老师您说的那么好，我自己都做得不好，根本就不配去管别人的事，也没那份责任心，但还是要感谢您，我很幸运。老师，其实我觉得，只要学生做得不过分，有些规矩不用那么死板，不是每个人都能去用心体会别人的。（成鹰）

【妙如回复】我就知道你会问。不过这没什么秘密，说出来你会觉得：哦，原来这样简单！

听到同学站起来说随身听丢了的那一瞬间，我就将你们寝室的那几个人扫了一遍；第二个人说的时候，我又扫了一遍。接着我又把你喊到我办公室，其他同学以为我也进了办公室。而这时我没进办公室，你知道，我只要你到我办公室呆两分钟就出来，然后告诉同学说愿意去取的就出来。我在教室外观察你们寝室几个同学的变化。这些同学智商不低，品德也不坏，我给了一个台阶，相信聪明的就会顺着台阶下。

> 信息捕捉在瞬间，快速迅捷才有效。看似复杂的事情，回过头来看其实很简单。

9月10日 星期六

不仅仅是一场球赛

今天，又有球赛。活动场上学生除受活动规则限制外，其他因素的制约作用相对较小。换句话讲，活动场上学生是少有限制的，是尽情的、自由的。所以他们的表现就是率真的、本性的。班主任重视活动、参与学生活动，是全方位了解学生、感受学生、理解学生的又一良机。

今天对八班的球赛胜得很轻松，我们班第一次打配合打得这么好。我深深感觉到这是一个有特色、有实力的团体。遗憾的是成鹰五次犯规被罚下场，下一场比赛他不能上场了，真是有些可惜。场上场下的同学都很努力，这场比赛是10班对8班而不仅仅是场上队员的对抗。（高凡）

赢了，那又怎样，感觉输赢都无所谓。

自己真的变了，失去了自我。

灵魂是被自己的另一面俘虏，如果有一天挣脱了，自己就从黑暗奔向光明。否则只能像掉入沼泽，慢慢死去。（成鹰）

【妙如回复】你没有失去自我，相反，是在认识自我、创新自我！从第一次比赛到今天的第二次比赛，你的变化足以让我欣慰，因为你能控制自己的情绪，能潇洒地运动，能微笑着面对，能注意球德，在同学的心目中你帅呆了！

不过，"感觉输赢都无所谓"有欠妥之处：如果用无所谓的态度来安慰自己，用无所谓的态度来对待周围的一切，那样会使一切都变得无所谓，反过来周围对你也会无所谓，久而久之你就会成为一个生活在痛苦中的人。其实，我知道这不是你的心里话。

"灵魂是被自己的另一面俘虏"，是的，人有多重性，有多角色要扮演：学生，儿子，朋友，兄长……人生也有许多条道路需要选择，有时，往往是在恍惚间走上了自己根本不愿走、连自己都感到厌恶的道路。只有迷途知返，心才能从此安然。

你还没有进入令你自己讨厌的道路，因为你是很理智的，尽管有时很情绪化。人怎能没有个性呢？只要加以控制就行！

流水不为环境所阻，因为它心系远方。

网上留言

◆某家长：看您的网志，感觉您对佛理还有不浅的体悟。可能不一定是信仰，但起码说明了一种境界。我也想，假如我们现行的学校教育能够适当进行儒释道思想的教育，对于塑造新一代人的大国民思想——按现在的说法就是建设和谐社会，其实是有裨益的！

每个人都有自己的角度

班刊的设计很有创意，他们原计划今天下午完成，但下午没有做完，拖到晚自习做。主编在交流中做了说明：

今天下午办黑板报的事我想对老师说对不起。首先我觉得大家对这些东西没多大兴趣，大多数人叫不动。我也知道这是我能力有问题。中午我要办，他们要么就说没时间，要不就说要睡觉，我可以理解。可是我也很生气，也没了再办下去的兴趣。老师，热情是会消失的，看着别的班的同学们齐心协力，我真的很无奈。也许大家觉得这东西我一个人来会更完美，但是这是集体而不只是我一个人的。要是没有大家，板报就不美丽。

我也不能保证我再有足够的热情办好班上的板报了。（高凡）

看到高凡这段文字，不由回想起下午与那几个办刊的女孩子聊天的情景：

下午三点，我到教室，几个女孩子在那里看书。

"下午怎么没有多睡会儿呢？"

"高凡说下午要把刊办好。"

"你们约好了吗？"

"嗯，不知他怎么还没来？"

"你们先开始吧。"

"是高凡统一规划的，我们不是很清楚。"

"这样吧，我们先把能做的做完。"其中一个女孩子提议。

"也好！"她们边说边做起来。

我很快到了办公室，拿起电话打到生活部，请他们帮忙叫一下高凡。几分钟后生活部回电话说，高凡和几个同学被家长接出去了。

我又到教室，一边看她们剪着一边和她们聊：

"大家都玩去了，你们几个在出刊，是不是有点想不通呀？"

"哪会呢？我们以前想出还轮不到呢！"

"怎么会？"

"以前出刊，老师为主，班上最好的同学是助手，因为要评奖，怕我们出不好呗！"

"哦，原来是这样！现在遇到我这个懒班主任你们有的是机会了，不过，我看你们好像不是很主动？"

"哪里，怕出不好！"

"整体设计已经出来，你们大胆去做，就会好！高凡有点事下午不能过来，你们将能做的做好，晚上再贴。"

晚自习，所有班刊组成员齐心协力将刊出好了，整体感觉很不错的，我表扬了他们。下晚自习，找高凡聊了聊：

"下午到哪里去了？"

"我爸一个朋友过来接我们几个出去吃饭了。"

"你不是约了几个同学下午出刊么？"

"她们当时又没有答应，要她们中午做她们又不肯，我一个人也做不成什么，就出去了。"

"她们不做，你就不做了？你是主编，接受任务，就是接受了信任，你就有责任在计划的时间里完成。"

"对不起，其实，我讲是这样讲，心里还是想做好的。"

"日记是什么时候写的？"

"中午，等他们接我去吃饭的时候。"

"你现在有什么想法？"

"我回来的时候就知道她们下午在做了，不然晚上也没有这么快能完成。"

我想骂人，不管文明不文明，我只想说德育办真可恶，课前2分钟，我拿着今天的体育杂志看了看，德育办就叫我出去，还记我名字，要我把书给他。他翻了翻，我看得出他很感兴趣，走之前还边走边看，我想不出我上晚自习前2分钟看一下体育杂志有什么不可以，他不就是想看吗？借都不会说，还装清高，呸！真不服，我对德育办的个别老师失去信心和尊重了。我就是这么想的，希望以后我去那能装出点好脸色给他们看。老师，不管你怎么看我，我现在只觉得他们……

我还要说的是，我感到成鹰严重影响了班级纪律。（高凡）

看到他这段话突然想到庄子"夫随其成心而师之，谁独且无师乎"之句。如果每个人都将自己的成见作为判断是非的标准，这样还有是非吗？高凡太自以为是了。

【妙如回复】无论别人怎样，你骂人不对，竟然还骂给我听，理由好像还很足似的。对不起，500字认识书，反省自己不文明之举！从门缝里瞧人，有时是会把人看扁的。

> 横看成岭侧成峰，远近高低各不同。不识庐山真面目，只缘身在此山中。（苏轼《题西林壁》）

一个星期不知道外面事，变了好多，讨厌父母过分的关心、溺爱，这样让我失去得更多，而他们根本没有理会，他们的做法让我无法接受。（成鹰）

这是成鹰星期天出去后的日记。我与他家长交流了，建议不要提供过多的经济开销。

> 不觉得自己幸福的人，大多是不需要自己计划生活的人。

9月12日 星期一

"心"的历练

几个朋友，为了一些小事说烦死了，听后我小解佛语笑答：菩提本非树，明镜亦非台，心中无是非，何处惹烦来。

吸收包容，有容乃大。不计较无意损害你的人，不报复有意伤害你的人，不拒绝真心实意帮助你的人。

筛选扬弃，无欲则刚。多扶持需要扶持的人，多培养能培养的人，多成全能成功的人。

四要：要体谅别人的难处，要得理就饶人，要体现出自己的个性，要有竞争意识。

六识：安全意识，节约意识，创新意识，发展意识，法制意识，学习意识。

七有：有政治家的敏锐，有哲学家的理智，有实践家的行为，有道家的无为，有文学家的想象，有猎奇家的好奇，有军事家的镇定。

如能做到这些何烦之有？

今天，班上又来了个新生，上个学年休学的，叫希丞。一见面他就对我说，他脾气不好，容易冲动，请老师多多关照。

班长交来认识书，他是越认识越"深刻"：

昨天晚上我在日记中写到对德育办的不满，说实话我还是不满，我还想骂！心里还是不舒服，一想到我就气。

可是我现在要说的是，我只对我的不文明做认识，我身为10班的一班之长应该在老师、同学们面前树立一个绅士形象。我知道贵族气质不是通过一代人就可以培养出来的，可是我至少要从现在开始培养这种气质，要我的后代有个好的习惯，所以我不应该骂人，更不该骂老师。

也许在学校不管老师是否正确我们都要服从，这是纪律，不在背后抱怨，这就是文明。他拿走了我的杂志，在我看来那杂志不可以没收。可是他是想自己看而拿走的，老师的这种行为我认为不对。我很生气，可是骂人不对，对我的形象、气质都不好，这不值得。骂老师而且是在背后骂老师，反过来想想他要是听到了会怎么想？他也许会很生气，也许会很伤心。老师不让我看课外书是想我抓紧时间搞学习，也许我误会他了，虽然这些话我不认为是真的，但也是有可能的。

所以我在这向这位老师说声"对不起"。（高凡）

【妙如回复】老师不是圣人，人孰能无过！老师有失，可以当面交流，这才是你真正尊重、爱护老师！你再反复读一读自己的认识书，你会发现你应该还要大度些。阻碍自己发展的不是别人，是自己。

看完高凡的认识书，成鹰的几句话又出现在了我的网页里：

人类不停的付出是为了什么？
人从一出生就等待什么？生死劫？
生是劫，还是死是个劫难？（成鹰）

【妙如回复】很小的时候，我听人说一个人先置死后置生。某人某年某月某时某地死，今年今月今日今时某家生。死是必然的，是个约定的期限。

后来，我又听人说：生命的过程是一次次攀登，不断地往高处爬，爬到高高的山巅振臂欢呼……

又听到一位哲人说：生命的价值就在于超越自己，让自己活着，活得堂堂正正、潇潇洒洒。

所有遇险者在求生的那一刻都会毫无保留地说：活着真好！活着就是幸福！

活着，是一件非常不容易的事情。再难也要活下去，还要活好，活出自己的精彩。

你聪明，思考的问题很深邃，你坐得住（你自己会不相信），你只要稍用心，就可超过一般人；你只要稍微多用心，就可出类拔萃，这一点，从你做作业就可看出来！

别看轻自己哟。

这些学生全是未加掩饰的。每天要应对几十个虽有共性但个性特别的学生的倾诉，对于我既是"量"的积累，也是"心"的历练。每当与这些孩子进行笔下对话的时候，当他们不设防火墙敞开心扉的时候，我才真正明白"人是万能的主宰而又是最脆弱的""人真正意义上是没有一个相同的"这些话的含义。同时我也深深地感觉到，这些孩子看似得到了很多很多的爱，却缺少精神层面的关爱！

> 我们需要温泉一样的言语，既能像春风一样拂面，又能像春雨一样沁润心田。

9月13日 星期二

敲响它，做自己的鼓手

星期六的考试大家又吃了败仗，学生的信心在动摇。

我微笑着给学生讲起了马林果战役：

马林果战役打响后，法国军队受到奥地利大军的有力抵抗，只剩招架之功，拿破仑精心策划的胜利眼看将成为泡影。

正当法军败退之际，拿破仑手下将领德撒带着大队骑兵赶到。队伍中有一个小鼓手，当军队立定之后，拿破仑朝小鼓手喊："击退兵鼓！"小鼓手没有动。

"击退兵鼓！"拿破仑再次命令。

小鼓手拿着鼓槌向前走几步，朗声说道："啊！大人，我不知道怎样击退兵鼓，德撒从来没教过我，但是我会击进军鼓。我可以敲得让死人都能排起队来。大人，在这里我也可以敲进军鼓么？"

拿破仑哭笑不得，转向德撒："我们吃了败仗怎么办呢？"

德撒说："怎么办？打！来！小鼓手，敲进军鼓！"

不一会儿，队伍跟着小鼓手猛烈的鼓声向奥军横扫过去。他们不惜流血牺牲，打得敌人一退再退。德撒在敌人的第一排子弹中倒下了，但队伍没有动摇，当炮火消散时，人们看到那小鼓手走在队伍最前面，他仍然敲着激昂的进军鼓，他跨过死人和伤员，越过营垒和战壕，他的脚步从容不迫，鼓声激越铿锵。

在人生的战场上，只要有坚定的信心和勇气，就会有闯出去、拼下去的巨大力量。

谁能保证一生不遇到困难呢？在困境中，不要忘了内心深处还有"一面鼓"，一面饱含热情和智慧、充满勇气和力量的鼓。

同学们：敲响它，永远做自己的鼓手！

看了陶老师给我的回答和一些故事，我明白了很多。哥哥青春的躁动让爸爸很失望，也让他将希望全部寄予我，所以对我要求特别严。我却走上了同一条路。爸爸能不气吗？真是恨铁不成钢。现在，我站在爸爸的角度去想，的确如此。

现在，我终于清醒了。被爸爸骂醒了，也多谢陶老师的开导，我从骨子里知道了什么事该做、什么事不该做，如何正确对待那些所谓的"哥们"义气，如何让自己优秀起来！一切的一切，我都明白了。以后，在"热闹"的地方不会再有我的人影了，做坏事的名单里不会再有我了。而红榜上的表扬，只要我努力了、尽力了，就会有的。

不管做什么、追求什么，只要自己曾经努力过、拼搏过、尽力了，不论结果如何，总是好的！（焦达）

【妙如回复】很好！沉下心，努力学习！相信你会让自己很耀眼！

今天班刊获高中部一等奖。

"Set out with dreams"历时 12 天，终于竣工。整体是一艘乘风破浪前行的命名为"TS 号"的船，船的前方目标是"文明人，现代人，成功人"；船身、帆、天空、白云全是用他们的计划书装点，高雅、大气，设计巧妙。同学们反复欣赏着班刊，明显感觉到他们那掩不住的喜悦。

试着改变自己，一切都将因之改变。

"义气"不如"益气"

第二节课下课没做操，我从办公室出来，看到许多别班的男孩从我们教室里出来，我走过去，人散了，只有我班的在，像是没发生什么似的。

问什么事，他们果然都说没什么！

我当然不相信，但料想追问也没有结果，还不如给他们留一个空间。

于是，我走出教室。

希丞跟了出来。

"是我，我们那里的一个同学昨天被别人打了，昨晚我们几个就想去报复，人没约齐。刚才他们就是来喊我去的。"

"如果我不来，你就去了吗？"

"对不起！"

"我相信你也并不想去，想去的话，昨晚就去了。我也相信你不想他们去报复，我希望你现在去劝他们，我相信你能制止！昨天的事就交给老师处理吧。"

"义"气之下，"帮伙"之中，孩子们有时身不由己，可以原谅他们的行为，但不能原谅他们那种"一个地方的"狭隘小帮伙意识。这种狭隘的帮伙意识不仅仅只有"我们那里"存在，其他地方也有。必须做好疏导，让他们逐渐明白义气固然不错，而我们更需要的是让集体团结向上的"益气"。只有每一个人用理性的态度和平心静气的心理，才能营造一个美好的环境。

让自己的周围充满向上的朋友。 让自己的朋友全都向上。

在其职就要谋其事

今天又扣了分，我很生气，我真不知道这分从哪儿扣的。后来我知道是符丹和范典故意离队导致的。

我感觉大家的正气不那么浓，值日班长也做得很不好，课堂纪律也似乎看老师来，老师严纪律就好一点，老师好说话同学睡觉的睡觉说笑的说笑，一点也不像课堂。

同学们不能自己管好自己，而我和书记的力量又不足。老师您说在同学关系和管理好班级上我要选择哪个？我总是想尽量给同学带来方便，可是纪律也要管，而这样又是同学们不情愿的，我该怎么办？我怕大家对我有意见。希望大家的正气更浓些。

我发现有很多班干部不负责任，也不严格要求自己，是听之任之，还是换人？可是有时我想知道，我的责任到底是管委员还是全班？委员不管事，我就帮他们管，那我哪顾得过来？我认为我是带领班干部管理班级的，班干部有什么问题才来找我解决。

我不是不满现在的工作，而是班上有我一个还不行，我要更多有力的助手。我发现雷一正是个好人选，我换的理由是有些干部不是能力不足而是从不用心。

我们想组织一个班会，希望给个时间给我，我要好好讲一些班上发生的事情。
（高凡）

【妙如回复】威信是自己树立起来的，立起来的原则是自身得过硬，敢管而且注意策略。你先找那些不负责任的干部谈一谈。培养出一些好干部是不容易的，但你要去培养！

多一份奉献的时候，其实是自己又多了一份积累。

9月15日 星期四 晴

给亲情加温

这几天，拍了学生活动的、上课的照片，保证每个学生都有，上传到网上，让家长看看近照。

孩子们不管在家有多调皮，一旦不在身边，总有些牵挂。

一些家长曾跟我聊，孩子与他们关系紧张，有的还说很久不大理睬家长了，我行我素。

让爱智慧

其实孩子并不是故意让家长伤心，而是他们把亲子关系当作撒娇、放肆的筹码。而一旦离开父母，就会感到亲情的重要。家长望子成才之切，孩子这时也更能理解。

多点交流，家长与孩子之间也会多一分理解，多一份关爱。

网上留言

◆激情创造成果，远见统治未来，理念成就卓越。此刻作为家长的我，非常高兴，也非常感激，由于工作的繁忙，有二十来天没有看见孩子了，今天终于在网上看到了。是的，成功就是事先树立的、有价值的目标被循序渐进地变为现实的过程，这一过程因平衡而得以坚固，因信念而具有意义。

◆陶老师好！中秋节即将来临，提前祝您和班里各位老师节日快乐、合家幸福！出差刚回，发现关注您网志的家长又增加了些，也祝您的网志越办越红火！我那小子上周周考是否有所进步？英语口语和听力是否能够跟上外教的节奏？麻烦您多给予督促！

【妙如回复】这个网志，本就为这些学生而开。家长多一份了解，也就多一分理解，孩子也就多一份动力。

英语要星期六才考，他数学有很大进步。数学老师说他挺投入的。主动性增强，其实他挺上进的。建议您以后多给他鼓励，多商量，少命令。物极必反，欲速则不达。

9月17日 星期六 晴

适度的惩戒是必要的

班长说，昨天体育课，迟到的按时间算，一分钟20个俯卧撑，两分钟40个，三分钟60个，以此类推。

没有惩罚的教育应是不完整的教育。我们大力提倡赏识教育的同时还得有适量的惩戒。不过所有惩罚条款必须由学生讨论定好，违者自动履行。绝不能犯了错误后再来定规矩惩罚。像懒散这种病传染得比感冒还快，治懒的最好办法就是让他付出两倍、三倍甚至更多倍（但要注意度）的代价，让他记得懒一分钟要痛苦好多分钟。

明天中秋节，晚自习我跟学生说我收到了女儿用邮箱发来的贺卡，她还说给外公、爷爷都打了电话。

今天把《梦里花落知多少》看完了，其实，平常我根本不能把那么厚的小说看完，这是第二本。看完后觉得人生就如一场梦，谁也不知道明天会发生什么，风云是变幻莫测的，人也是一样，很容易变得互相都不认识。多年以后，回想今天，也许我们都会豁达和宽容些吧？（成鹰）

【妙如回复】"富贵必从勤苦得，男儿须读五车书。"书中自有快乐！多读，体会会更深！

9月18日 星期日

山不过来，我们就过去

为了进一步从心理、方法上给学生以指导，我和学生聊了怎样从方法上、过程中来提高自己。

一条1米长的绳子，你怎样才能把这条绳子弄短些？学生说这不简单，折一下，或者剪掉一段。我说如果不准折，也不准剪呢？

学生讨论得很热烈。

我没有急于给答案，却讲起了另一个故事：

先知对弟子说，你们看着，我让山走到我们面前。然后，他对山说：山，过来吧。人们注视了很久，发现山还在原处，丝毫没有移动。先知说，既然山不过来，我们就过去吧！

其实，先知的用意不在命令山，而在说明怎样靠近山。

我们可以把所有的目标都比喻成山，而怎样向山靠近，则是方法与过程的问题。

"山不过来，我们就过去。"就像我上面提出的问题，绳子它自己不变短，我们可以找一根比它长的绳子，它不就显得"短"了吗？

就学习生活而言，我们面对较困难的任务，主动出击，多看看，多琢磨琢磨，多问问，耐心架起通天桥，一段时间后，你定会进步的。

看似简单的事情，做起来会很难；尝试着去做，又会发现没想象中的那么难。

9月19日 星期一

哪些人可获得成功

英语考试成绩出来了，整体有进步，但个体差异却较大，个别学生"急"字写在脸上，"躁"字浮在眼里。

我对学生作了如下的发言：……其实，不要急，慢慢来，不要叹息，更不要轻言放弃。你要知道，底子太薄，好长时间可能只是填了亏空，也许离水面还有一段距离；但只要你不断坚持，总会有浮出水面的时候，再通过一段时间的划行，你就会靠岸登陆；到那时你就可跑步，骑车……大可以自由选择。记住：骐骥一跃，不能十步；驽马十驾，功在不舍。一名记者采访多位诺贝尔奖得主问了同一个问题："哪些人可获得成功？"他们的回答也惊人地相似："勤奋的人获得成功！"

明天又有篮球赛了，但我发现一个问题，游澳球打得很好，可是他从第一次以后再也没参加过比赛，我找过他一次，可他就是不去，他的球打得真的好，有他加入我们班会更加强。

今天第八节课我们班开班会，其实我对这班会很感兴趣，也以为老师会要我来安排时间，我有一大堆话想要总结、想要说，可是老师只给我2分钟，我反而不知道说什么了，看着大家笑，我更是想笑。

看着班上的分老是被扣，我就火大。卫生区那么大，怎么保持时时干净？卫生委员也不去叫人搞，同学更是没这个想法，卫生委员不想搞，就应该在走廊上多看看，别的班丢，抓住罚别的班呀！他从不主动做事，我又怎么能时时想到、时时提醒？

纪律委员从不管班上纪律，没老师时还时常讲话，我有时管也管不了，管了又讲，讲了又管，那我要这干部干什么？皮嘉欣旁边的两个女生，都是干部，可是上课总和皮嘉欣闹。还有我们的副班长，不管谁换到他旁边都可以讲得火热，很少严格要求自己。没有带头作用的干部，要他们干吗？

我本来是想班会好好讲讲的，可是……（高凡）

【妙如回复】你爱画画，给你讲个关于画的故事：

有一位作画者，为了提高自己的画技，就将自己认为画得不错的一幅画摆在了人来人往的路口，并在旁边写了句话：你认为哪里画得最不好，就请用笔勾一下。晚上他来收画，发现画已不成其画，没有一个地方没画勾，就连边框也画上了。第二天，他换了种方式——你认为哪里画得最好，请用笔勾一下。晚上他去拿，结果一样，全是勾！

扬长长就会更长，讲短短就会变长。相信，假以时日，他们会好起来的！我希望你能拿出一套方案来，大休后在班会上讨论，十月份施行！

坚持一个原则：必须有利于班集体进步。

坚持一个标准：团结一切可以（应该）团结的！帮助应该帮助的！

网上留言

◆凯沛家长：我那小子周考有进步吗？他的英语很成问题，估计他还没有掌握学习英语的方法，常以"没有时间做"逃避。

◆妙如：努力，短时间里不一定有好效果；但不要因为效果不很明显就说其没努力哟！给他们多一些坚持的动力吧！

◆另一家长：加油！一天一天积累，不要奢望一口吃成大胖子；珍惜学习机会，一步一个脚印，能够坚持，本身就是一个了不起的进步！

◆家长：是呀，让人担心的倒不是基础差，而是"方法""勤奋"和"毅力"！其实，他们的进步也是显而易见的，只是经常犯冷热和浮躁的毛病。

◆家长：上帝不会奖励那些努力工作的人，而只会奖励那些既努力工作又用对了方法的人。

◆妙如：态度与方法是趋向成功的两个因素，就像孔子所言："学而不思则罔，思而不学则殆。"做任何一件事情，态度与方法都是关键。就像我前面提到的"方形哲学"，态度与方法是长与宽的问题。但对于那些智商不低、能力不差却不爱读书甚至厌学的学生来讲，改变其对学习的认识，端正其学习的态度（当然激发兴趣是端正态度的关键）应该是重中之重。态度没问题了，只要不是智力低下者，方法会逐渐获取，其实在改变态度的同时，他就已经获取了一些方法。

让爱智慧

第三场球赛

打比赛，是全班同学关注的。开赛前组队，同学们很讲究，哪几个打上半场，哪几个打下半场，哪些打替补……搬水、拉拉队等后勤由班长带领其他同学负责，也需要妥善安排。

球一场一场打来，组织一场比一场有序，协助一场比一场和谐。只是，"个人秀"现象也逐渐露头。

球赛前，我只对他们提了一个要求：全员参与（能打的轮流上），文明赛球。球赛结束，球员有自省，同学有点评，老师有评价。

网上留言

◆家长：好着急！第三场球赛赢了吗？

◆妙如：球，打赢了！但因为双方实力悬殊大，他们有"玩球"行为，这是对对手的不尊重，也是球德问题。

◆家长：小子们可爱又可气，什么时候能懂事呀！

◆妙如：我想，懂事的时候他们突然就懂事了。

比赛胜利了，意料之中的结果，但过程却不同，也许因为对手太弱，我们三个根本没用心去打，下次的比赛，我们会更加努力的。我们是最强的！（成鹰）

【妙如回复】为何不让技术稍差些的同学上呢？连续几天都要打球，要留点体力跟强点的班打！这既是战略也是战术！

> 过分的自信是一种阻力。要保持优势，只有不断地苦练自己，同时又不断地研究对方。

学习是智慧的源泉

9月21日—27日，我被邀请到宁夏参加全国高中新课标教材教学研讨会。仰视权威，受益多多。

会上聆听了人教社中语室王女士的讲座，北京大学中文系温教授的分析，人教社中语室顾教授的解读，还有华东师大教授、东北师大教授等8位知名教授的报告。

要想拥有智慧，单是有点才能还不够，就像下棋，一定要创造机会去观摩当代一些国手，看他们怎样弈棋。学习他们，首先要尊敬他们；尊敬他们，就拉近了与他们的距离；学习他们，就能使我们不断进步。这样就可让智慧之泉源源不断。

会议期间，我多次向温教授请教，并提出了一个建议。我说课程改革的问题关键在教师，培训教师北大应有义务和责任，建议开设新课程研究生班培训在职教师。温教授表示赞同，并要我做个方案。

虚心能获取知识，虚心就是一种智慧。

没有我，照样过

27日晚10：00到家，领导们说情况还好，我知道黄主任操心了，老师们操心了。领导说只是皮嘉欣第八节逃了两次课！

看了学生的交流日记，觉得他们确实很可爱。

打赢了两场实力对等的球赛：

明天要和2班打比赛，后天要和4班打比赛，今天班上的同学就开始讲战术，想办法。这让我感觉大家是个真正的团体。（高凡）

风云善变，今天一下从夏天跳到秋天。明天要比赛，我一定要赢，不能让大家失望。（成鹰）

今天呢，和4班打比赛真叫大家紧张了好一会，最后一个三分球让大家松了口气。大家真是都累了，无论是看球的还是打球的，神经都不放松。

今天好顺，球赢了，还中了两瓶八宝粥，运气不错。（高凡）

比赛我们胜利了，我们才是真正的强者。

身心都很累，不过我们赢得精彩。（成鹰）

召开了班干部会：

班主任到宁夏开会去了，我召开了一个班干部会。会议内容：

我想在这里问大家几个问题：

1. 你们这有没有人不想当这个班干部或觉得很吃力？

2. 这里有没有人对月考抱无所谓态度？

从班上选出来时，我认为大家做得很好，可是现在是越来越不好，现在要月考了，班主任也不在，10班靠的是我们而不光是我和书记。你们要处处想着你们带好头。晨跑，你们要比同学更能坚持，掉队的要拉一把；上课铃响时你们是要最先归位的；学习，你们要走在同学前面，不要上课一点风吹草动你们就带头破坏课堂纪律；有人在班上搞笑，你们不要最先起哄……

今天好累，真希望有放松的时间。（高凡）

进行了第一次月考：

今天考完了，没什么感觉，只知道不好，考得一点都不好。

我想静一静！（高凡）

我一直认为我们的起跑线是在一起的，有时我都在想别人的一天真的只有24小时吗？书本上的每个字是不是他们都背下来了？我离他们还有多远？我真的有些力不从心。

考试两天，睡了两天，什么都不懂！唉！（成鹰）

> 地球不会因为没有了谁就停止转动。当然啦，有我们将会更精彩！

自主产生效益

今天大休，上午成绩出来了，相对进校的成绩排名，学生高兴得多。一个月过去了，终于见到阳光。

我在网上写了个"休闲之措"的建议：

放假了，怎样度过，好像很是个问题！

有的家长想，陪着孩子去旅游，目的是：扩大视野，增长见识。尽管自己很辛苦！无悔！

有的家长想，请个家教补一补，目的是：夯实基础，实现美梦。尽管孩子很叫苦！无法！

有的家长想，各人门前有条路，目的是：大不了回家给我做助手！放手！

学生呼吁：聚聚，玩玩，学学，全由我安排多好！

建议让孩子自己安排，你审批就行！

你安排的，他们不乐意，事倍功半；他安排的，你也同意了的，会事半功倍！这叫自主产生效益！

网上留言

◆辰辰妈妈：辰辰这次回来，让我们吃惊不小，从他离开校门就滔滔不绝地说个不停，谈学习、谈同学、谈老师……还把您的网站打开给我们介绍内容，这是他以前从未有过的。

以前我们找他说他都不说，和他爸就更没有话说，这次我们就全听他说了。晚上也只玩了一小会儿"传奇"，我问："你怎么就不玩啦?"他说："我觉得玩'传奇'已经没意思啦。"

孩子的这一变化让我们非常高兴，他爸说这位班主任还真有一套，我们庆幸孩子能是您的学生……

◆文铭姐姐：我是您的学生文铭同学的姐姐，每当弟弟打电话回家的时候总是在称赞您的好。以前老是调皮的他，现在会体谅家长的苦心了，我想这离不开您的悉心教导。希望弟弟在您的教导之下能逐渐成长……

◆皮杰家长：作为一名学生家长，向您深切道一声辛苦了。皮杰身体现在恢复得很好，敬请放心。

入学虽只有短短的一个月时间，但孩子的变化让我感到惊喜。表现在：学习主动性和热情提高，独立生活能力加强，举止言谈显得更加文雅。最让我深感欣慰的是，孩子在良好的学习氛围中，树立了一种奋发向上的信心，这是希望所在。您的网站办得很好，它是家长了解学校和学生的窗口，是家长和老师交流思想的平台，是学生施展才华的场所，望越办越好。这是梦开启的地方，更是实现梦的地方……

9月29日—10月5日

假日网上轻松谈

高中生活，没有初中时的轻松，也没有大学的自由，它有什么？

我想，它有的是登山时最难爬的那段坡，坐车时拐得最急的那道弯，漂流时掀得最高的那道浪，飞行时遇到最大气流的那个瞬间……

有人会说，你将高中生活说得如此痛苦，岂不是会将这些花朵儿压蔫？我说，不会，恰恰相反，他们会变得坚强，因为，这个时期，他们最喜"冲浪"，更喜挑战。

网上留言

◆凯沛家长：陶老师，承蒙您悉心教诲，凯沛一些科目较以前有所进步，自觉性有所增强，万分感谢！看得出来他对您很崇拜，我的确幸运，孩子可以得到您的调教！

昨晚我把他带回来的书看了一下，只带回数、理、化三科教材，从数学和化学教材上所做的笔记情况看，比以前有进步，定理定义的语句下都划了线，并作了笔记；但所带作业不多，只有数学和化学两门，其他是否很少布置作业他不会告诉我；英语是他的弱项，他没带教材回来，作业好像也没带，只是带了一本我暑期买的初级《新概念英语》，而且只是停留在暑期所看过的页数内，没有每天背英语单词的习惯。我放假前要求带的各科同步练习，一本都没有带，估计是没有做。他初中时在晚自习和就寝后喜欢和同学聊天，而真正有效率的用心做作业的时间不多，估计目前这一习惯还在继续，所以白天精力不集中。我昨晚要他自己按照学校发的《给家长的一封信》去安排这几天的学习，他对这封信抵触很大。今天早晨睡到八点半还不愿意起床，显得懒散，谈话间感觉他对稍有进步的科目沾沾自喜，对基础差的科目感觉无所谓。对于他对家长的叛逆性，可能正是这个年龄段小孩的共性，我目前的确还没有一个更好的方法来解决。先试图由他自己去做一些决定，自己规划他的未来。

◆xwy：楼上的也太苛刻！

想我刚进高一的一个星期，就觉得压力好大好大，心情异常郁闷！我们班的同学还有不想读书的。不过现在都挺过来了！

我想您的儿子面对您过高的期望，肯定会背负很大的压力，甚至是压迫感。只怕连数、理、化这三科都不会学了！

有进步就是好事，干吗要死拽着绳子不放？

◆凯沛家长：呵呵，这位同学的意见很中肯，我会换位思考的。只是，"业精于勤"！

◆苗曦："我们就是这样苍老的。从时光的一端辗转到另一端。请别说再见，不需要再见，遗忘是我们给彼此最好的记忆。"（引自《校园的裙摆》）

这是最近在看的小说，如果我的命运和小三儿一样，我会像她一样么？越艰苦的日子才能成就我吧！现在习惯了。习惯了落寞地过，机械地活！十六七岁的年龄是不是老觉得活着不如死去呢？

特别不想写作业。每到这个时候就感觉自己不如轰轰烈烈地死去好些。已经憎恨到这种地步了。但我还是会遇到比死更恐怖的事情——我爸爸的威胁！那时就感觉自己特懦弱，总是在压迫下低头。不明白为啥从那好的远古时代变成现在这种社会。人不是开心就好么？难得一次生存在这世上，却要这么劳累地活。或许这就是生活吧！适者生存的道理，我不想接受，却无能为力。呼呼，真郁闷咧。

我现在一直在想，老爸为什么还不打麻将呢？他去玩我也可以玩了。可他就是坐在那一直不停地催我："快下线，写作业了。"

我都不明白，现在几点了？都11点半了，还写作业。如果能一直开着电脑听听歌，这倒是个不错的主意。毕竟我喜欢夜晚。但是他就是不允许。对着作业本，我1分钟就可以进入那美好的梦乡。

每天都会感觉时间就这么把我丢下，自己在前面放肆地冲……

◆希丞：陶老师，我很荣幸能够成为高一10班中的一员。来到这个大家庭的日子不长，半个月的时间了，我体会到了你对我们的种种关爱，在你眼里，我们都是你的儿女。你为高一10班付出的太多太多了，我们都亲身感觉到了。也许，别人只有在自己的父母下才能得到这种"母对子"的关爱，而我们，实在是太荣幸了。谢谢你了，陶老师。

◆皮杰：回家人感觉真的爽，但是没了寝室的几个弟兄，晚上还有点不适应——哈哈——老师节日快乐！昨天没来写日记是因为睡着了，不记得啦。对不起啦！不知道同学们还过得好不好？祝大家节日快乐，好好学习，天天向上！

老师告诉你个事情，我们这里没得《三国演义》的古文版买。

◆皮嘉欣：老师，偶（我）也买的是古文版的，看都看不懂，郁闷，呵呵！那个xwy是哪个小弟弟，偶都不知道！哈哈！偶在家不好玩咧，现在偶真的想死了，昨天晚上又和我爸在吵……他总是说我太小了，晕死！

◆妙如：古文版慢慢看，看多了自然就不郁闷了！和爸爸吵算什么？有本事跟联合国秘书长去吵！

◆高凡：也许我不该怕别人超过自己，而是要努力让全班都飞速成长和进步起来，而自己也会跑得更快。给班上制定班规可不是件容易事，也不知道制定出来会不会执行得很好。我只能说所有的信心都给班干部了，自己留得所剩无几。我知道班上还是有很多人爱10班的，也希望心中每时每刻有10班。有你们在我们的工作会好做许多！谢谢你们！又：我有什么本事和资格停下来忘记赶路？多少比我强比我有能力的都在向前冲，而我在这里浪费时间！

◆妙如：昨天收到一条信息，内容是：得到，失去，是不是一切都太顺利，所以难免会遇到一些麻烦？上天对每个人都是公平的，也许是我得到的太多，注定我要失去太多！

我回复：失去太多，也可能意味着新的更多的获得，这也是塞翁失马。

◆文铭："大家每天都尽力了，我们就成功了。"正如班长所说，我们都在努力，我们都在进步。只是才一个月，正如老师所说的，可能大家才浮出水面，刚到起跑线上而别人已经跑了一段路程了。不过只要大家加快步伐努力去追，坚持坚持再坚持，努力努力再努力，我想三年后，大家都会拿到各自喜爱的大学的录取通知书。

一分耕耘，一分收获。大家加油吧！

◆吕欧：同学们，我们在10班，不是残酷，不是痛苦，而是幸运。在这集体里，我希望大家能互相理解，这是一个人难以突破的，希望大家都能理解他人、帮助他人。要知道，人人为我，我为人人，才能成就一个优秀的学生、优秀的集体。

◆苗曦：迷迷糊糊地又过了一天，活在催赶中。

除了对电脑有好感之外，我几乎无事可做，对着它发呆都将变得有趣。

早上煮面条，水放少了，糊糊的一块，正如现在的我，缺少水分。

晚上看了外来的飞车表演，缺少了双手的人，照样什么都可以做，感动之余想到了自己，突然间觉得十多年来没做过一件让家里安心的事，哎，自从小学毕业开始吧。这个成长的过程，让我失去了多少，又得到了多少呢？

◆高凡：我送大家一句话吧——"一个有志之士的奋斗是不应当划出一条什么界线的。"一定要记着，非战胜，决不离开战场！我毫不怀疑你们的勇气，也不怀疑你们必将取得胜利，高举战旗，勇往直前吧！

班干部们一定要记着：我们自己必须做勇士，并使伙伴们也勇武起来！也许逃避死亡并不难，要逃避堕落才是最难的！

要记着："最大的荣誉来自最大的危险，这对个人和国家都适用。"这是雅典的伯里克利说的。

希望大家看到了牢记在心，记得这些，想成功的人一定会成功！

◆少玉：哈，我发现这些同学真的好有思想，一般这种年纪的孩子难得有这么有深度的话。真的不能用年龄来看一个人的思想。

这里值得常来！因为这里可以看到人的变化、人的成长、人的思想，没有什么比一个人的思想更重要。

第三章

彼节者有间而刀刃者无厚，以无厚入有间，恢恢乎其于游刃必有馀地矣。

——《庄子·养生主》

掌握了事物的规律并能熟练地运用一些方法，就找到了传道授业解惑的捷径。

无权干涉但有责任建议

大休回来，学生有变化，似乎懂事了一些。但我知道，学生最难熬的不是开学的那个月，而是大休回来的这个月——新鲜感逐渐失去，让自己有一个"新的开始"的愿望随着时间的流逝也渐渐淡了。再看他们日记，或补课，或旅游，或上网，等等，我明白他们在假期又接受了多方"洗礼"。

陶老师：请问一下，家里人有资格干涉现在我们所拥有的感情吗，我们现在所有的男女感情有错吗，我们能拥有自己的感情吗？（成鹰）

这是成鹰的日记，从这口气，我想可能又与家里发生过战争了。

其实在这个年龄，男孩喜欢女孩、女孩喜欢男孩是很正常的事情。对待这种情况，巧妙地加以引导使其正常发展就行了。我知道他写给我看，定是又处在困惑中。

我不想违心去劝说，也不想将自己的想法强加于他，只是想写点能引起他思考的话：无权干涉但有责任建议。对错要看具体情况而论。

> 适度地把握好感情，理解他人的关心，这是成长中必备的素质。

培养有序学习习惯

细细观察这些学生，发现他们确实很想提高，却处在无序状态，忙不过来。不愤不启，是该给点操作性比较强的指导了。于是，我在黑板上写了下列提纲：

学会有序学习（建议）：

晚自习的安排

第一步，迅速完成各科要上交的作业。

第二步，预习明天的（英语、数学、物理、化学、地理）课程。

第三步，强化强项和弱项（暂在英语、数学、物理、地理几科中确定）。

有序学习是迅速提高学习质量的关键之一。

"读高一了，还跟他们讲这些！"有人笑说。

确实，他们早应明白，可是为什么不明白？这就是我们教师需要思考的地方。

有记者在采访很多成名专家时问道：你们认为哪个阶段的学习最有收获？70%以上的人回答是"幼儿园"。他们说在那里收获了终身受益的好习惯，教会了他们讲礼貌、讲卫生、爱想象。

培养一种好习惯就是收获一种成功。老师们不论在哪一阶段，发现了学生的不是就得及时指导补正！

> 培养一种好习惯就是收获一种成功。

"我每天这样，开心吗"

除了每天的学习指导外，与学生进行心灵对话更是一种考验。他们的日记由心而发，真实可感，看似潇洒、不受羁绊，但只要你将它们细细一串联，就会发现他们其实是那样单纯。

我今天想到一个问题，我每天这样，开心吗？

我并不开心，我倒觉得自己现在很"伟大"，别人都是让自己开心，然后再和其他人一起分享。我却不同，现在我是享受别人悲伤的故事，让他们把痛都给我，开心都给他们。

傻？还是什么？自己在意的人，不经意的一句话，却是我最大的动力。我不希望自己在意的人受任何伤害，自己怎样无所谓，真的，我希望她永远都像我第一次见她那样，那么单纯，开心。

小孩子认定的事，一定会努力做到。（成鹰）

他的笔下流露出的是善良与单纯，我突然明白，我们太多地误解了他。因为误解，让他更加迷茫、无助、无奈进而生疑、生怨、生怒……

【妙如回复】我今天也想到一个问题：自己都不快乐，怎能让别人快乐！

如果我是你笔下的"她"，我会很感动！但我更会有一种牵挂：牵挂希望我好的人是否也好？牵挂希望我好的人是否奋力向上？牵挂希望我好的人是否能与我一道远航？

多么希望，那个希望兑现承诺的男孩，刚柔相济，内外兼优。

只有自己强大，才有力量扶持他人。

10月9日 星期天 晴

让集体发挥作用

学习委员很早就提议成立互动小组，班长申请要增开一次班会，今天，时机成熟，有时间。

成鹰是值日班长，他提出了主题——互动空间。互相帮助共同进步，每个人都可进这个空间。班务清逸书写了主题，并做记录。班长、学习委员组织成立了8个互动小群体，并明确了每组组长和英语过关人。还补选雷一正为副班长，一正在同学掌声中发了言。班长还做了全面的总结。

我一直坐观：他们稍显稚嫩，但又有何妨？怎知这不是凤凰涅槃时的篝火，不是蛟龙升腾前的烟尘？

我也一直在想：只有成人与成才两手抓，两手都硬，才能真正有大的变化。而这个两手都硬含义不同，好读书的定要掘其潜能，让他成其才的同时成人；不喜读书的让他成人的同时尽可能地发掘其自身的潜能，协助寻找到适合他发展的空间。教育应让想读书的多读，让不想读书的也能用功起来。

重新分了组，我被指名担任组长，我一看这组成员都是很不错的同学，我心里可轻松多了，我没为班级做过什么贡献，以后，我会好好做的……（皮嘉欣）

今天有那么一点点不舒服，头痛，胃痛，全身无力。

今天学习任务没有完成，数学学函数，初中本来就没学好，一听函数我就怕。上课时老是觉得很用心听但就是听不进，总觉得是听了又忘了，我看着前面同学认真学习，我就心急，有很大压力。不知为什么，好乱啊！文铭只差我6分，可是拉开这么多名，可想而知上面的仗打得是多么火热，大家排得是多么紧，我若不抓紧，就会一落千丈。

我还打算把所有教科书再看一遍，再把《黄冈兵法》做完，再把……给自己的任务定得太多，可是只完成了一半，这在上个月的学习中也有体现。我要是可以把剩下的一半也做到了，下次月考我才不会输。而这有些难。

这就是别人所说的层次越高进步越难吧。（高凡）

一身都不舒服，不知道怎么办，不知道能在这里呆多久。

说句心里话，我不想在这里读，更何况是3年，对我来说，不可能。

现在我只是一只沉睡的狮子，尽量在忍，总有一天会爆发的。（成鹰）

难道一个班会真会有如此效力？我心里很清楚，只要踏踏实实抓学习，这种情况就会很自然地出现。我同时也知道，如果我机械照搬规章制度，人人一个尺度来量，会有若干个刚来点信心的学生难再坚持。看来我还真的要悠着点。

下午，成鹰爸爸来接他，十二分的感激，说他妈妈、奶奶在网上看到了他的照片，都哭了，说他面貌都改变了。还说好多家长说董事长积了德，办这样一所学校解决了好多家长的难题！

💡 一个适宜的环境，会使整体发生变化。

10月10日 星期一 晴

让教育的双眼凸显理性

晚餐时间，学生处来了电话："陶老师，您班上学生皮嘉欣大休后带了砍刀到学校，已经没收。要他写材料，但他不配合。"

我有点不相信，就说道："请先别声张。"

"校长们都知道了。"

"我是说等查清楚再说。"我解释道。

"人证物证全在。生活老师写了证明材料，另一学生写了说明材料，他自己也承认了。"

"好吧，要我做什么？"

"通知家长。"

打通家长电话，家长说在一个煤矿工地，赶到学校至少要4个小时。

晚自习前，学生来到了我面前，脸色很不好看。我请学生处将他们获取的材料给我。浏览了一下，发现对于带刀的经过，"见证人"比"带刀人"还清楚。于是说："为了慎重起见，麻烦学生处迅速找那个学生核实，并请对那个学生说皮嘉欣已经跟陶老师讲了刀的情况。"我给了皮嘉欣一张纸，要他好好地把经过写清楚。他说他没带刀。我说没带就更要好好写了。

这边刚写完，学生处说那位学生承认了刀是自己带过来的，今天想要皮嘉欣帮忙保管一下，在转移过程中被发现，怕被开除就说是皮嘉欣的。而皮嘉欣觉得反正要转学，就一力承担了下来。

要转学也不要乱担责任呀。没有是非观念，怎会不出错呢？为此，在班上上了半节法制教育课。并及时告诉了家长，家长听后还是赶来了学校。

有关个人品质方面的事的处理，为了学生长远的发展，我们可以给机会，单独谈话，作对事不对人的教育，这样，孩子才有机会改过来。但对于这种是非不分的法盲不能大事化小、小事化了，定要让学生明白这既害了他人，也害了自己。

从此事我们可以得知：有时亲眼所见也未必就是事实！在教育过程中要多一份理性的思考。

今天李哲稍带灰色地慨叹："人生就是漂泊，从一出生就开始了旅途，谁也逃避不了……漂泊，也一路错过……"似乎为今晚的事做了一点总结。

10月11日 星期二 晴

反弹是一种客观存在

这几天，不断地有些事情，误会的有，犯事儿的有，虽不是很大的事情，但挤在一块儿发生，也让人不得不思考：皮嘉欣昨晚上据说因为带刀被抓；今天上午又在课间操时上厕所，说拉肚子，逃操被抓；下午口语课上，外教说他没事儿乱叫一声，还有几个同学嬉笑吵闹，扰乱课堂。这些都属于反弹现象。

反弹是一种客观存在的现象，短暂的放松后大多数人可能状态更好；也有少数同学可能进一步，退一步，回到原点；更有极个别的可能进一步，退两步，较原点更差。面对这种情况，我们应要比以往倾注更多的耐心与方法来引导。

学生确实还是孩子，他们会为一丁点儿小事高兴，也会为一点儿小事烦恼，他们有时流露出来的情感很率真，也很直接：

今天又有些恼火，我的一个相框好像被学生处的人给拿走了，我今天才发现。那个相框是她送给我的生日礼物，里面还有她的照片，我不是觉得这个东西没了我就……而是觉得这是一种回忆，好的坏的都有，那是我拥有的她的唯一一张照片，也是她最后一次送给我的生日礼物。我发现她送我的东西不管我怎么爱惜珍藏都会损坏或丢失。记得有一次她给我的一个挂件掉了，后来，我在洗衣机的下面找到了它，又把它挂在了自己的钱包上，可是第二天我的钱包就丢了。

这是最后一件，现在也没了，我很想要回来，我不想再失去，也不能再失去了。不管别人和老师怎么误会，这东西不能证明什么，他为什么拿走？也不是违规物品，好失望，好生气，好无奈。

听说她变了，变得不好了。我欠她太多，现在是帮她的时候了，可是不知从哪儿帮。别人说她不喜欢现在和她在一起的男孩，可是他们在一起，这让我很不舒服，因为我怕她会不开心！我很想让她知道朋友处处都会关注她！（高凡）

【妙如回复】肯定要帮她！不过要讲究策略，让自己优秀起来，再影响她。如果你能影响她的话，如果她真的在乎你，你说的话就有效果。如果她并不在乎你的意见，你也要说说，毕竟你帮助了同学！怕麻烦的人，随时都可能遇到麻烦，勇敢点。

日光灯

驱散一方阴凉/它毕竟不是阳光/照不热我心底的冰凉

手电

点亮一柱光明/却看见身后/那一片茫茫的黑暗

白开水

解得了唇舌之渴/又怎知/心中那份火热

眼药水

滴进去/又滑落出来/不知是药水还是泪水

（李哲）

李哲是个很有灵气的男孩，从他的文字就知道他的空灵。他知道自己基础很差，数学、英语基本上不懂，但他一直相信自己自学能力还不错。

班干部的担心

今天班长再次流露了一些干部同学共同担心的问题：怕得罪人。

我相信我是公正的，制定班规也是怕别人觉得不公正。自己公正，做事情不用太担心。大家都是一个班的，抬头不见低头见，我不想破坏关系。

再者，我很感谢副班长，他是一个真正干实事的人。从小我就最不喜欢打小报告的人，可是现在似乎我就成了这样。我是善意的，可是我最怕误会，那样会很麻烦。所以老是怕人看见怕人误会。（高凡）

今天，我第一次当值日班长，很兴奋也很紧张，毕竟这是我自读书来第一次当"官"，还是管理全班一天。我要证明给大家看，我是有能力的。晨练大家都还好，当时看到一个掉队我心里就急了，跑过去拉了他一把。早上看新闻时，有两个下座位去打水，看起来好不顺眼。上课我格外认真，生怕老师说我没听课。午餐、卫生都没有扣分。晚自习，第一节有点声音，我突然觉得好刺耳，平时自己讲话的时候别人是不是也有这种感觉？今天，我总算明白了陶老师讲的"如果我们能换位思考了，你就改头换脑了"的意思了。是的，一天值日班长，让我懂得了许多。（皮杰）

当干部不但是一种能力的培养，还可以建立一种责任意识。太软不行，太硬也不行。只要当了，认识和管理能力自然就提高了。这也是我们经常讲的一句话：经历过就是经验。当然，班主任有策略地维护干部是时刻都要注意的，干部同学有这种担心也正常，毕竟还是孩子。他们反映的情况，要作技术处理后才能与学生交流，不然会给负责的学生干部带来一些不必要的烦恼。有些事情不是一下子就可解决的。

管理需要智慧，只有智慧地管理才能达到理想的目标。

10月12日 星期三 晴

我们用这种方式庆祝"神六"升空

爱国教育要时时、处处适时逢事进行。"神六"升空，是中国的光荣，也是世人的骄傲。这正是激发学生爱国热情，坚定其奋发向上的决心的良好契机。

在这大喜的时刻，我提出了一个建议：每人做一件好事，表达自己的心意。

生活依旧如故，每天做着同样的事，见同样的人，却有不一样的感受。

今天中午，在食堂做了件有意义的事。端着面盆，拿着抹布，抹着桌子上剩下的饭菜。虽然当时感觉还挺脏，而且还蛮累的，不过事后心里却是甜的。因为自己的一点薄力，就让别人开心，对你微笑，心里还真痛快。

今天下午还在体育馆内看了青少年犯罪教育图片展。虽然这样的活动已经开展了很多次，但对心灵的震撼却一次比一次的强烈：愤恨人性的残忍，痛心受害的人们。为什么有的人会做出这样丧尽天良的事，走上绝路呢？这就是我们该考虑的。该怎样预防……

日子一天天过，感触一天比一天多，也一天比一天变得成熟，一天比一天更懂事……（焦达）

一点小小的帮助，让人快乐，自己也快乐。这便是交往快乐的诀窍。

10月13日 星期四 晴

回避也是智慧

苗曦情绪不好，说身体不舒服，要回家看病。父母将她接走，说看完病就送回来。她身体有病不是主要的，回避才是真的，但我同意了。班上几个女孩一个寝室，个性特色显著，不相容因子偏多，但都还没明着闹，因而我也没点破。她们只是在交流中流露，我也就在笔下劝说。在班上还是不断地表扬女孩子懂事，寝室管理不错。

女孩子在一块闹矛盾，很正常。在家单独一间房，学校都是几个人合住，性格各异，摩擦肯定是有的。她们只是表现在心里、私下里，还没公开地闹，这就说明她们还保持一定的理性。如果时机不对，在班上公开批评，结果只会更差。所以私下单独交流，慢慢化解是上策。

苗曦面对这种同学之间的"较量"，既不想告诉老师，也不想和同学闹翻，更不想就这样忍受，所以"有病请假"是最好的借口。而这样做，也给老师提供了解决她们之间矛盾的机会。

陶老师，其实有的时候您太善良了，太相信我们了，有时甚至可以讲是武断。您知道那些个女孩有多不团结吗？她们几个一伴，相互对阵，互相排斥，军训起就开始了，我班男生都知道。（皮嘉欣）

【妙如回复】谢谢提醒，你不说我还真不那么清楚。你参谋参谋要怎样处理才好呢？

"糊涂"未必不智慧！

让学生心理断奶

今天老师没写评语，一下子不知道怎么写了。

不过今天发现了自己的相框，好开心、好开心，可是那个地方我早就找过了，而且那个地方我找得最多，很显然是有人把它放到那去的，是谁呢？我也不知道，可是不管是谁我都很开心，它回来了，管它是上天放的神放的还是人放的，回来就最好了。

这几天除学习外，自己的事太多了些，比如写信啊……一天就收到了8封信，这叫我哪有时间回，今天开始又要搞什么手抄报，年级要评分的，满分可是有10分的。

明天晚自习要去上画画课了，好期盼，那里我可以找到更多的优越感……

其他同学都有评语，为什么我没有？是我写的日记有问题吗？（高凡）

班长的"青春多想"没少，现在似乎还多了一点"依赖"。

我和他聊了聊：

"日记上没写评语有意见啦？"

"您知道日记本发下来的时候，同学们都做什么吗？"

"往桌子里一塞呗！"

"不，我们都会打开读评语，读您给我们的建议、提醒和鼓励！今天，我的没有评语，心里总不舒服。"

"老师不一定每天都会给评语，你可以学着站在他人的角度给自己下评语，这样更能提高自己。当然，老师有比你更好的建议一定会给你评语的。"

学生对老师产生依赖，绝不是老师教育的成功！

要让学生心理断奶！

> 能培养出敬慕你、畏惧你、亲近你，关键时刻想起你却不依赖你的学生的老师才是良师！

1O月14日 星期五 雨

"聚会"又添活力

第六节课，黄主任打电话给我，说校长找我有事。一见面校长就说："交个学生给你，他在外面读了个多月书，硬想回来读，也放在你班上，你跟他谈谈。"

"个个都可成才。"校长又说出了他常挂在嘴上的一句话，多年来，他一直说着这句话。

我笑着回答："谢谢，又给我提供了人才！"

这个学生叫童济，我就笑着说了句："好呀，童济发奋考到同济去！"

童济的到来，本班认识他的很高兴的，也有不高兴的。开学分班全老师不是说过"这是全集"吗？童济算是都扯得上的。

这几天寝室反映：成鹰不大讲规矩了，第八节课也没上，跑去打球，很明显他受不了啦。他的脚以前的老伤因打球又复发了，要到外面医治，家长将他接走了。

"人生就是一场游戏，我们合演这部戏。一个游戏，一种规则，玩得起继续，玩不起出局。没必要内疚，也没必要懊悔，错不在你，只要你玩得起。"李哲的随感将同学们的现状写得很形象。

机会得来不易，能把握住才是智慧。

10月15日 星期六 雨

我用沉默来教育

早读，我进教室，差游澳一个，同学跟我说，抽烟被德育办抓住了。

我来到德育办，那里站了一排五六个。我只看了他一眼，就跟德育办领导说游澳我担保，让我去处理。带到办公室我也没作声，就让他站着。

他站了一会儿准备开口，我就说，我不要解释，你到教室去读书吧！

我想：一个人改正错误，大多不是因为对方的强迫，而是因为他的内心真正受到了冲击，真正认识到了自己的错误。

生活在纷繁复杂的大千世界里，和别人发生着千丝万缕的联系，难免会磕磕碰碰，出现状况。包容是智者的大度、强者的涵养，包容是医治痛苦者的良方。其实世间事物只看你怎么看，忧和喜只是事物给你带来的两种不同的心情。好运和霉运就像一个铜板的两面，只有不会领悟的人，才会极端地把它们对立起来。（游澳）

这些话很好地组合在他的日记里，表达了他想说却没说出的心理。通过较长时间的思考，他才决定了到这里来学习，这段时间表现也还可以。今天，是否惯性使然？

如果是惯性，又怎会发出"包容是医治痛苦者的良方"的慨叹！如果是无奈，则是纠正这一习惯的契机。

还需继续观察！

下午碰到几个女孩子聊了一下：苗曦病了，回家几天了，你们打过电话慰问过没有？病了最希望有人问候！听人讲你们不和，因为这个原因才回去的，不会是真的吧？她回去了怎么不把这些情况告诉我呢？

晚上，几个女孩告诉我苗曦星期一回来。

实话实说不容易

下午，学生出去了，看交流记就知道"校规校规，出校难规"。

今天出去了，好开心，可是寝室还有两个没能出去，我们的计划就出了些小小变动。

我们先去银行取了钱，就到餐厅吃饭，要了一瓶啤酒，我们知道这是不行的，可是大家开心，也就喝了一点。吃得饱饱的，就去了步行街，跑去剪头发，他们去买衣服，我和李哲去了一个理发店。因为我有些累，再加上酒精过敏，我一坐下就想睡觉，那理发师就在我头上开了刀，等我从睡梦中清醒过来时，差点没把自己吓死，我当时真的想从椅子上跳起来，他给我剪的头发好丑……我痛苦啊……我的头发……呜……人们都说头可断发型不可乱，虽没这么夸张，但那时心情和这也差不多了……（高凡）

这可是班长的记录，回来后我看到他的头发，就笑了他："这下真是帅呆啦！理发时睡着了？"

他说了真话，实话实说其实也不易，不说你不知道，说出来难道不怕你批评？

> 实话实说是让自己轻松起来的智慧。

我不认为自己那么差

今天又去美术班了，大家到得很齐，我们又组成了一个新的集体。虽然只是一个小集体，但是我初次上课也感受到了大家强烈的上进心。

我是这个班唯一的男生，也是画得最优秀的一个。当然，我当上了这个班的班长，老师把画室唯一的钥匙交给了我，我感到这个画室成了我的画室，我想什么时候去练习都可以。我感觉自己有了一个房间，有了一个宣泄开心和痛苦的个人空间。

老师好像对我的画画很着急，比我还着急，我不认为我那么差，而听他的口气我好像还很不足。

我真有那么不行吗？我拿去了两张我认为最优秀的作品，可是也没有得到老师的认可。（高凡）

【妙如回复】那个老师真不懂得欣赏，凭你的态度也该鼓励鼓励吧，何况善意的谎言也是美丽的！不过，他是不是看你潜力大，要求高一些呢？这可是一些老师让优生更优的惯用手法哟！

自信是成功的基石，但过于自信就会成为绊脚石。

10月18日 星期二 晴

10班是个改造班吗

今天，班上又来了一位同学。早几天，学校几位领导就跟我讲了：要转一个学生到10班。昨天黄主任又说了要我多操一份心，他真不想劝退一个学生。今天校长又跟我说了这个事，说学生很有音乐天赋，家长、学生再三请求要学校给机会，要我想点办法，不拘一格育人才。

这位学生叫海雪，为了给他一个新的开始，我特意为其做了见面介绍，对其优点作了渲染。学生们很懂得我的意思，配合着进行。

可是晚上的交流却并不让人乐观：

陶老师，请您告诉我，我们究竟是个怎样的班，为什么违纪要劝退的给机会都进我们班？从开学到现在，来了多少个这样的学生了，我们……（金岭）

陶老师，我们10班是个改造班，是吗？我们是成绩差，但是我们在堂堂正正做人。如果我们违纪，要到哪个班去呢？（晓波）

要承认自己平凡，其实也需要一番痛苦的挣扎与智慧。（符丹）

一面镜子能映射出自身帅的一面，能映射出外表的斑点，却不能照出内心的缺陷。（吕欧）

学生受到了伤害！

真的对学生是一种伤害吗？其实并不尽然。我对学生说，只要换一个角度来想，就会发现，这是其他班学生无法得到的财富，而我们有此机会锻炼自己，应该觉得高兴才是。当然，也有表示理解的孩子：

学校是为了培养人才才办的。如果每个学校都只挑好的收，那办学校还有什么用呢？那些差的不就没书读了？今天，学习还是有些困难，不过我后面去补了。（童济）

"给生活一些和谐的爱意，人是有感情的动物，人的内心很容易被感动。引起人内心感动的因素很多，往往一句热情的问候，一个灿烂的笑容，就足以唤醒一颗冷漠的心。"（游澳摘抄自《读者》）

进入了新的班级，一切的一切都是那么陌生，常常提醒自己：不要忧郁，不要心急，每迈出一步都是一种考验。但更重要的是认清方向和目标，了解自己的潜能，勇敢前进。相信自己，那愉快的日子即将来临。

挫折并不可怕，可怕的是沉溺于失败和懊悔之中不能自拔。一切都可以重新开始，希望就在前方，不要悲哀地回忆过去，它一去不复返；明智地把握现在，努力学习，毫不畏惧，去迎接未知的明天。（海雪）

古人说，"从恶如崩，从善如登。"让他人因与你相伴而精彩起来。

这种消极亦是求进的表现

连续进了几个"给机会"的学生，班上个别学生终于爆发了，原有的一些"好习惯"都无所顾忌地暴露出来了。他们相互影响，就连马上要进行的体育节第一个比赛项目广播操的训练也公然说算了，反正我们是垃圾班，无所谓。

游澳对集体的关心之情、要求向上之意在字里行间流淌——

每个班只要一有时间就抓紧练习，可是我们班就……我们班没一点激情了，个个都懒洋洋的，都没有把体育节放在心上。我在班上喊人去练习，竟然没有人响应了，希望陶老师再鼓动一下，我们会燃起来的。（游澳）

真的"近朱者赤，近墨者黑"吗？
我问学生：黑颜色能变成其他颜色吗？
你们染发——黑头发可变黄、红、蓝、紫……不同的聚合会产生不同的反应，不止染发是这样。就像我班不断有新同学来，这是一种聚合，也是一种包容。就像同学们写的一样：

"孩子，世上怎样的船最安全？"
"离开大海的船！"我想也没想就回答。
梦醒，我终于明白：是的，离开大海的船虽然很安全，不必经受风吹雨打，也不必忍耐烈日灼烧，可它不就失去了存在的价值？
人生必须是波澜壮阔的！（李哲）

班上又来了两位新同学，愿他们早点融入班级：朋友，把你的快乐和痛苦一道与我们分享！你分给我们的快乐越多，我们获得快乐越多。你将痛苦告诉我们，我们一人只有一点点，随即就会无影无踪！祝好运！（敏纯）

我们的班级在慢慢强大起来，这是一种宽容。友好相处，发扬10班精神！（范典）

> 多一种元素，就多一份认识，也就会多一份精彩。

海雪这两天的表现不错，主动打扫卫生，协助整理桌椅……从文字中也能看出他对生活的憧憬。

如果我以单独的心绪听海的涛声，我将感到充实，想到音乐的韵律和鸟翅穿透厚重的雾，沿岸而至。我和你，也许该为我们的重逢说上许多没有句号的悄悄话，也许该为我们的相聚唱上许多没有休止符号的歌。只要有共鸣，无声亦动听。

时间不会倒流，生活却能重新开头。莫说失去了很多，朋友，明天比昨天更长久。（海雪）

【妙如回复】来到了新的班级，过去的不再重提，相信你会很不错。情感的流露出自真诚，变成乐音，形成韵律，必定能响彻大地！

任何一个人没有理由阻挠别人进步！任何一个人也不要因别人的阻挠就停止进步！

10月20日　星期四　晴

交流日记是学生随心之记

学生写交流日记既是一种生活的积累和培养良好习惯的途径，也是提高写作水平的捷径，还是自我调节心理平衡的极佳方式。学生有时很累，很烦，又没有可以倾诉的地方，引导他在交流中倾吐，写一写，宣泄一下，自然就轻松了。写交流日记是将静不下的心静下来的良方，是自我安慰、自我鼓励的良剂，也是师生互相了解、理解鼓励的桥梁。

陶老师，真是不好意思，我还没有弄懂写日记的意义，因为我实在不能区分这到底算学习汇报，还是类似"心灵之约"的心理咨询方式。我不知道如何去写这一篇交流日记，班上很多平常就有写日记习惯的人现在都是自己写一篇私人日记，然后再另外写一篇交差。这毕竟不是私人日记，一些隐私类的事情也确实不知道如何述说，日记如果天天都记流水账就没什么意义了。正像我现在这样，我并不是什么

出众的人，不可能也天天都会出现什么新事物，所以请老师帮我开导一下写日记的意义。（童济）

【妙如回复】童济，写交流日记，一是练"耐力"，养成一种好的习惯；二是练"思力"，将思维语言转化为书面语言；三是有点"心灵之约"的意思，心中有什么烦恼、疑惑可以提出来，和老师交流交流，也许能及时得到解决。交流日记是师生用心交流的轨迹，也是我们共同成长的足迹。用心写，写真事，抒真情，如此而已！

有人用心听你说话，那是一种幸福！

10月21日 星期五 晴

响鼓也要重擂

今天广播操比赛，班长想进决赛，说这样才能受人关注。可是广播操表演是一个技术含量很高的项目，班上同学动作不太协调，再者表演得好的班级又多，结果自然就不理想了，比赛完，我只说了句：比赛成绩不好是老师指导不够。天冷了，注意加衣！

但班长的文字却是满腹牢骚：

今天我感觉我当了一次真正的小丑，自己没有欢乐的小丑。我感到自己跳进了一个圈里面，没有一个人告诉我，今天是我带操，指挥没有，同学没有，更可笑的是我问谁带操，都没有人理我，好像大家都有意不告诉我，指挥有意，同学有意！感觉连老师都有意。我不想听解释，这是一个圈套。

我可以做好的，可是因为情绪，因为心里的种种，我没有做好，出了大丑。这让我很不开心，甚至恼火。我感觉自己被出卖了。（高凡）

【妙如回复】广播操失利，是老师过度信任你们、过度放手造成的，这是老师的失职。

但你"因为情绪""因为心里的种种"就出了大丑，说明你经不起检验，受不起突如其来的考验。

如果你心胸宽阔，你会有情绪吗？你怎知指挥不是看在你很行才点你的将呢？这是对你莫大的信任！可是你居然还认为这是故意设的圈套！

就说如你所说他是有意，如果你操练得很棒，你会出错吗？

再说，你是班长，负责班级全面工作，而事先我又明确告诉了你们，广播操比赛干部同学负责组织，要上场了，你还不知道是谁领操，你负的什么责呢？

受到打击，不是反思自己，而总是找他人不足，你这样怎能出类拔萃，真正提升自己？

指挥是团支书（体育委员病了），领操是班长，指挥事先没告诉班长是他领操，上场后才点的将。而我只是让指挥去布置，没做任何具体安排。班长的日记记录了他的心理活动，也显示出了这些男孩的摩擦，这种摩擦迟早都会产生的。通过这样一次活动，学生那种自以为是的心理，那种想不通过苦练就能拿到好成绩的想法展露无遗；同学间那种互不认可、只要有机会就"将对方的军"的心理也暴露无遗。

10月22日 星期六 晴

眼高手也要抬高

世态可以束缚我的身躯，却管不住我的灵魂。我是自由的，我所想的没有人知道，也没有人管得着。

读书，我喜欢自学，其实初中以来没正儿八经听过一节课。有时候一段时间根本不听。然而，自觉性又不强，等到要考试了才知道要复习，致使成绩总是上不去。

我喜欢自学，那样学习不显得那么死。

心里默默挣扎，我要做的事绝不止这片土地！我要在这广阔的天空中翱翔！（李哲）

【妙如回复】灵魂是自由的，但不是所有的灵魂都是高尚的；身躯是不自由的，但谁都可以让自己的身躯挺拔！

其气，足以让老师高呼："壮哉，少年"。其势，足以让这块土地震动：英雄，指日可出！

可是，可爱的哲儿，若没有根基，一阵微风也可把你送到云霄。眼高手也要跟着抬高。一节一节，一科一科，扎扎实实，步步生根，梦想才会成真！

> 大山厚重是因为根基坚实，人要强大需要勤奋、执着和接受新知。

10月23日 星期日 雨

快乐很简单

今天，我迎来了十天来最重要的节日——外出！自从我来学校后，我对这一天都是万分的期待。从第四节课上课打铃的那一刻起，我就开始构思了：11:50出教室，用10分钟签证，然后坐半个小时的车到步行街先大吃一顿，然后买衣服、鞋子、裤子……

哈哈哈，真是天衣无缝啊！但是事与愿违。我妈帮我买了一堆学习辅助的书，鞋子没有想要的款式，衣服又太贵了。虽然种种的一切都令我不快，但是我妈来了，出来逛了，这就够了。（童济）

> 舍弃那些过多的奢侈，便会发现快乐原来是那么的简单。

10月26日 星期三

学生精彩促进老师更精彩

这段时间，学校课堂教学研讨活动频繁，我班学生也参与了观摩表演活动。怎样利用这种活动促进学生，提高听课质量呢？要知道提高学生学习信心，掌握学习方法是多方面协同才能达到的。我将听到的一些课例转述给学生听，让他们来评价：

学习内容是：新词新语与流行文化。老师提问，最喜欢的词和最不喜欢的词是——

一男学生站起来（从站起来的情形估计是鼓起很大勇气的）说：我最不喜欢的是"汉子"这个词，我认为这是头脑简单四肢发达的代名词，现在同学们一叫我就"汉子""汉子"的，我挺烦。这位男孩就坐在前排靠边的座位，这位老师微笑着走过去，笑着对他也对大家说："汉子是个褒义词，同学们这是夸奖你。"外加一个示意坐下的手势，解决了问题。准备进入下一个程序。

那位男孩，坐下时神情好复杂。

学生听了这个片段说老师蛮好的，很有技巧。

我告诉学生：当时有学生说"汉子"不是褒义词。你们想想，老师为何这样说，有理由吗？他又如何解答这一质疑呢？

学生查了工具书。现代汉语词典解释：（1）男子。（2）〈方〉丈夫。确实没有说是褒义词。可不可以含褒义呢？

下面是课堂的续篇：

老师：我就认为同学们是真的称赞他。那些叫他汉子的同学你们说说是不是？

学生：是！

老师：那好，请你们举个是褒义的例子。

这时不仅是那些同学在想，连那个不喜欢"汉子"这个词的男孩也在想。

如果没有那一男学生站起来，说出心中的烦恼；又没有老师微笑着说"汉子是个褒义词，同学们这是夸奖你"的话来；如果没有人发表异议，会不会出现后面的精彩？

起"绰号"是一些学生戏玩时的把戏，课堂提出来了，就得给那些学生一些暗示：这样不好，但不宜渲染；也得给"不喜欢"的学生一些引导，引导他大度一些，也不必介怀。

起"绰号"往往又是一些新词新语的应用，有时旧词赋予新意，老师引导着这样扩展开来，让学生比较"高尚文化"与"低俗文化"之区别，主流文化与边缘文化之联系，理解汉语丰富的语境意义，这样"新词新语与流行文化"的研究怎能不水到渠成?

这是智慧的老师与有智慧的学生共同谱写的一曲和谐的乐章。这种教学不只停留在感性层面上，还具有理性的光辉。

> 精彩的课堂是老师、学生共同创造的。老师精彩，学生才会精彩；而学生精彩也会促使老师更精彩。

10月27日 星期四 晴

挡不住的躁动

体育节要来了，我班学生天性爱动，终于忍耐不住了。他们在交流中写到：

大家的学习气氛一点都不浓！真的一点都不浓，活动多了，大家放松了，我也放松了。

班上的同学都好兴奋，不知道为什么……

体育节来了，不兴奋才怪！从开学到现在，尽管我还比较悠着地"逼"他们读书，但他们还是受不了啦，借体育节这个机会就让他们放松放松吧！

> 适时放松也是智慧。

10月28日 星期五 晴

我可以拼精神

再过两天就运动会了，说不紧张、不兴奋连自己都不会相信，我报了1500米啊！跑100米都喘个半天的我能不能活着回来都是个问题。看来我只能拿"友谊第一，比赛第二"这个不是理由的理由来安抚着这颗尚且跳动的心了。

晚上练习了一下跑步，结果惊喜地发现居然跑了两圈——极限，也就是说400百米一圈的跑道我跑两圈还死不了。不过后面那两圈就难说了，反正我只要整场比赛都坚持不停下就是了。相信垫底的应该不是我，说不定努力一下还冲个前五名也说不定咧！跟别人拼不赢体力，不过我可以拼精神！我要在气势上压倒他们，Yeah！（童济）

> 坚持是一种智慧。

10月29日 星期六

凯沛把试卷撕了

数学周考，开考30多分钟，监考老师说凯沛做了会儿题就把试卷撕了。

我找凯沛谈了，他说，"烦死了，不会做。"

"撕完了有什么感觉？"

"好像什么都没了，人都是空的！"

"第一次月考你第几名？"

"第八名。"

"还不错嘛！"

"我扎扎实实学了一个月！"

"大休后你继续扎扎实实学，今晚会撕试卷吗？"

"我晓得做，当然就不会撕了。"

"不撕交上去，分数低，面子过不去。现在当着老师把试卷撕了，好威风！"

"我错了！"

"不要那么容易认错！错在哪里想清楚，再想明白怎样改。"

"我进教室，当着全班同学向老师认错，然后继续考试。不会做的就翻书！"

数学考试，凯沛把卷子都撕了，同学还说他很厉害，我真不知道他们怎么想

让爱智慧

的。凯沛总是喜欢讲话，挺油的，他可能觉得在老师面前不尊重不服从就很酷很帅，而他似乎忘了，不尊重他人是最让人瞧不起的。他很自大，他和同学说过一句话："数学不用学，像我一样不听，只要看一下书就会，听我的，没错。"我当时就在想，你这样可以学好为什么考不好？为什么不能进一层次班？比你厉害的人有的是，在10班呢，什么意义？

我当时没把这想法和他说，因为我不太看得起这种人，不想说。也许我这样做不对，可是我仍然坚持我的想法。（高凡）

【妙如回复】长期形成的习惯，不是一下子就能够彻底改变的，你作为同学发现他"总是喜欢讲话，挺油的"，就没想到要劝他一下？谁都不希望自己的周围有这种人，如果有，我们就应该主动帮助他提高。如果是这样，今天就不会出现这种情况了。当然，这不是你的错，是老师没有及时发现，观察、关心不够。感谢你今晚提供的信息。希望以后多给老师一些建议。

目标与现实有一段很长的距离，只有步步落实才有希望抵达。

10月30日 星期日

担心本就是进步

昨天考试，考得一塌糊涂。本来上个学期就没学好，再加上这几个月没上什么课，懂的也都忘得差不多了。一开始心想只是一次小考试而已，反正又不会公布成绩，有什么要紧的？不过转念再一想，要是老师看到我成绩差得那么无药可救，从而放弃我了怎么办？曾经我就有一个同学因为成绩太差、表现又不好，使得老师们都把他当"透明人"，不再批评或夸奖他，更不用他交作业，上课看也不看他，那种感觉真是……惨！（童济）

【妙如回复】你有此担心，就会有进步。放心，只要你自己肯努力，老师们不怕你基础差。

体育节闪亮登场

上午是运动会开幕式，在全校师生面前，学生希望通过此次活动挽回他们广播操的失利。他们在操场上反复练习，军训时他们就做得不错，加之符丹毛遂自荐要领喊口号，一试果然声音洪亮，士气大振。

我班是高中部最后一个入场，已经过去的班一律是齐步走过，轮到我班入场时，只听指挥一声"正步走"，符丹"一、二、三、四"的响亮口号响起，全体学生凝神屏气、踏地有声、精神抖擞地从台前迈过，赢得台上台下经久掌声。

下午的田径项目预赛，班长、体委合力组织，全班齐心协力为班上同学加油、服务，一派团结向上的景象。

机会，是促人成才的催化剂。

皮嘉欣不见了

一切都好，令人担心的是皮嘉欣不见了。

吃过午饭，1:00 就开始 100 米、200 米男女预赛。清点人数不见了皮嘉欣！同学们在校园里找了个遍，也没见！学生说应该是跑出去了。

和家长联系，家长说是他哥来接了。于是，我对家长说，以后来接人还是让我知道，并请晚自习前将学生送回来。

晚自习，学生未到，我再次打电话。家长说，不瞒老师，我们知道他跑回来了，但为了让学校给机会就只好瞒您了，现在人还没找到。

我和家长说：安全第一，你们迅速在家里附近找，我们通过网络查询，有消息随时联系。

晚上10点多我给家长打电话，没找到；一个小时后，还是没找到；0点40分，我再次打电话，家长好像睡着了，说老师你不用操心，没事的，他以前经常这样！为了让皮嘉欣安全返回（如果他知道老师已经发现他回去了，有可能干脆不来了），我就对家长说，如果嘉欣到了家别跟他说我在找他。

我要冲，冲过我自己

上午我有项目，4×400m，我心里没底，我一开始看别人都跑得那么快，我心里就有些发麻了。游澳看他们冲，自己也冲得很快，到后面跑不动了。我一接棒，就想着要把落下的赶回来，可是一开始的冲刺也没给我带来一个好的结果，超过了一个后也没有力气再超过其他人了。我听到场上好多为我加油的叫喊声，我真的好感动，我要冲！冲过我自己！（高凡）

两个女孩子跑800米，几次摔倒爬起来又跑，其他参赛同学也想竭尽全力。体育运动会是增强班级凝聚力、增强战斗力的极佳时期。我赛前赛后抢拍着精彩的瞬间。

机会在自己手中

下午4点多，家长来电话说皮嘉欣快到学校了。我请家长到学校来一趟，商量商量对孩子怎样教育更好。

家长到了学校，我提出了建议，家长赞同。于是在办公室让学生将经过写清楚，他说他一直在学校。我说我和你家长一晚上都没怎么睡。他不好意思了，写下了他很周密也很愉快的外游活动。

开幕式结束，学生就分散了。老师在操场上，不可能清点人，乘机出去，第二天下午回来，应该是比较保险的。他也没到其他地方去玩，就回原来学校看同学，和同学在一起。他不想在这里读书，尽管来的时候有心理准备，但还是感觉太苦，与外面隔绝，受不了。

我对嘉欣说，"我劝了你爸爸，你不想读就别逼你读了，尽管他很想你读，但总要你愿意才行。现在你回去，做自己想做的事情。"

嘉欣有欣喜也好像有点失落！

晚上，皮嘉欣的姐姐留言：

◆嘉欣姐姐：陶老师，您好，我是嘉欣的姐姐，在这我想对您说声对不起！因为上次我没有弄清楚究竟是怎么一回事，而给您发了那几条短信。希望您能原谅！

因为是自己的弟弟，所以不管他怎么样，我还是会为他找一个理由。或许这就是所谓的"护短"吧！现在他这样的情况我也不知道要怎么说，只能希望您能多给我弟弟一些机会。弟弟是我爸妈婚姻不幸的牺牲品，从他三岁起，爸妈开始吵闹，一直闹矛盾，弟弟也就在那种环境下长大。他是一个不爱解释而自尊心又很强的人，所以有时候总会因为一些事而使周围的人误解。现在他跟我爸爸的关系已不像以前了，我妈妈就更不用说了，而我长年不在家跟他基本上很少联系。其实我弟弟并不是没有优点的，我知道他很喜欢物理，还有航模，而且他还喜欢篮球（这是我和他共同的爱好，还有阅读）。我记得他跟我说过，今年还想参加航模比赛，也不知道现在他有没有参加。

陶老师，我知道我弟弟现在给您带来了不少的麻烦，但是我始终还是相信我弟弟，还是那个可爱的弟弟。希望您能帮助他走过这个青春阶段。我们也会支持老师您的工作的。

谢谢您！

◆妙如：机会在你弟弟自己手中。我和你爸爸商量了，现在你爸妈谁说的话你弟弟都不听，先让他回去劳动劳动，他想读书了再来。你也多与弟弟联系，写写信开导开导。航模他报名了。

自己才是自己的主人。 命运掌握在自己手里。

11月2日 星期三 晴

这种"心病"别急着治

我这几天又静不下来了，本来我花了好长好长好长的时间加上老师的帮助才忘记了一些事情，放开了一些我本是看得最重的心事。可是这个星期突如其来的变动让我又抓得更紧了。很多事不得不去想它，不想又怕自己做错了什么，失去了什么，错过了什么。可是想了，心就老是静不下来，和妈妈说了，她有些担心，我本不想说，可是被她看穿了。她了解我的过去，了解我半年前的很多很多……

她相信儿子，相信我处理得好。可是我不相信我自己，我知道有些事是要自己面对的。我好担心。也许男孩子的心不用想太多。可是，我的心就是那么细，会想别人在想什么，别人要什么。细得我自己都不敢相信！我想得多就觉得别人想我少，可我知道我可以不在乎的。（高凡）

【妙如回复】心软的男孩，我也不知道怎样回答你，和你妈妈一样，相信你会处理好。

尽管细节决定境界，但有些事过细则会导致无度。太注重局部就会失去整体的协调。付出就想得到回报，这样会增加心理的负荷。反复出现，待再观察观察。暂不理睬可能也是一策。

11月4日 星期五 晴

秋游被"禽流感"夺走

原计划星期六秋游，因"禽流感"之故取消了。学生有反响：

本以为校运会结束后可以出去轻松一下，想不到，可恶的"禽流感"竟然夺去了我们"可爱"的秋游。既然秋游没了，现在最重要的是期中考试，千万不能再浪费时间了。

"一寸光阴一寸金，寸金难买寸光阴"。我已错过一次机会了，不能再错过了，否则，太对不起家人了。现在，我只能对自己说——绝对不放弃。（符丹）

【妙如回复】是的，错过了昨日的黄昏，决不可再错过明日的朝阳！急起直追！

今天听说明天不秋游，心情不像那么白天好。但也不差，因为本来我就不太想去。可是少了一天玩的时间，总觉得自己在某方面吃了亏。也许是魔鬼在作怪吧！

期中考试快到了，对成绩没把握。（高凡）

秋游取消了，这对我们来讲，无疑是个"打击"。（希丞）

玩，其实也能激发创造欲。

建议被肯定

在宁夏开会时，北京大学温教授就我提的建议要我做个方案看看，我将《关于北京大学开设"新课程"研究方向的建议》方案寄过去了，温教授今天回了信：陶老师，你的建议很好。可以再详细讨论。通过外语等科的考试并论文答辩，可以由北大发研究生学位证书。

附：

关于北京大学开设"高中新课标"研究方向的建议

湖南长沙　　陶妙如

一、问题的提出

新一轮的课程改革，必须推广，但现在却存在一个不可否认的事实：推而难广。究其原因：

其一，目标问题。未来究竟需要什么样的人？像日本一样提升所有国民的文化素养？通过教育改革，实现唐朝时诗人们"老弱妇幼"皆能言"诗"的理想？专家们说法并不统一（当然"这次改革是必要的，一定要改"是统一的），让操作者们迷茫。

其二，思路问题。是从下至上改，还是从上至下改，或者从某个最关键的阶段改？从小学到初中至高中，大学要不要改？还是从大学至高中到初中小学？或者就拿高中改？小学改了，初中不改，脱节；初中改了高中不改，又脱节；高中改了，大学不改，就不是脱节的问题了，而是在某种程度上的较大的浪费！

其三，实施问题（或者说教师问题）。从现在已在进行新课程改革的省市来看，教师素质难以使改革很顺利。教师问题，是改革能否深入的关键问题！

这三点问题，最关键的就是教师问题。解决了教师素质问题，一切问题都将迎刃而解。什么基础教育改革与高考问题，那根本就不是问题。试想一个具备系统知识，有很强学习能力的全面发展的学生，怎么会连考试都不会？

教师队伍的培养势在必行。

教师队伍有两个方向要培养：一是现在在师范大学学习的未来的老师，必须开设"新课改课程"，二是现在岗位的教师培养。

在校学生的培养，当由北京师范大学引领全国各地的师范大学实行，这毋庸置疑。而在职教师的培养难度要大得多，要求要高得多，谁来承担呢？地区的教研室、教科院显然在目前还难以做到。

北大，中国的权威，有责任为改革导航。

北大，中国大学的样板，有义务为改革示范。

北大，国人心中的圣殿，有能力为教育改革育人！

由此，特提出请北京大学开设在职教师"高中新课标"研究方向的建议。

二、开设目标

为教育改革培养一批批有实力、有创意、有激情而又愿为教育事业奉献的教育先锋、精英、骨干之类的教师。通过他们去影响一批，带动一批，指导一批。从而使中国的教育改革既高屋建瓴又脚踏实地。

三、具体操作（略）

网上留言

◆袁满：同年级语文老师集体备课，分工合作，各精心备一个单元，甚至到各班级上该单元，利弊如何？若可以尝试，该如何预防偷懒等流弊？

◆妙如：利远远大于弊。同年级老师各有所长，记叙文、议论文、古文、诗歌等每个人负责一个板块的教学，根本就不可能有人偷懒。在所有学生面前轮流展示，不同的课不同的教师，谁不想上得精彩呢？至于教学效果的保障应该不是问题，所有课都上得精彩，学生情感投入多，效果就自然好。语文是情感的产物，语文教学是情感历程的再现。

这种研究，对老师是一种极大的挑战，也是一种最有效的培训。老师要接受许多学生的检阅！那样，老师们会"沉醉不知归路"，不知"今夕是何年"，但不会不知"路在何方"！

> 我们所能够接受的往往是与自己水平相仿的事物，如果超出了，我们就可能怀疑、退缩，从而看不到其中的精深广袤。

11月6日 星期日

对句激活思维

很长时间，上课前我都采用"课前一支歌"或者"一首诗"来调整情绪。今天，我拿出了我一直最喜欢用的激趣法——"对句"练习。他们这几个月来还是读了一些书，逼一逼，读书氛围会更好。

对句，即教师根据当堂应学的内容设计一个上句，学生起立后自由答下句（这里所对是学生已有积累的呈现），对完就坐下，不得重复别人所对。时间一到，引入正课。

今天学《秋水》，我本想出"大方之家有大悟"的，学生说："出容易点，别为难我们。"我说："好，绝不为难。"顺手写下"东西南北中"，刚写完，前排一学生"金木水火土"已出口。

接下来却没人续得上，在学生要求之下擦掉了"中"字，这下"前后左右""春夏秋冬""风雨雷电""酸甜苦辣""兄弟姐妹""喜怒哀乐"……滔滔不绝。当然啦，只要是四个并列组合就行，要求太高往往适得其反。

先坐下的，要么帮旁边同学参谋，要么又抢对，还有学生当场提出把"中"字加上去，可以对出来了。"江河湖海溪""油盐酱醋茶""喜怒哀乐呆""酸甜苦辣咸""呼吸吐纳藏""摸爬滚打跳""进争抢夺占""赤橙黄绿紫"……有些真的只有他们才想得出。

三分钟后只有四个学生没有坐下，当天晚上学生在日记中写道：

一个班32个人，就得有32个不同的下句。第一堂课的对子其实也蛮简单的，可是我没有把握好机会，站了那样久，心里自然不舒服，很不光彩。第二节，我算是把握了时机答出了一个，欣赏着别人想出来的，有一种快乐的感觉。（成靖）

感觉今天最有收获。老师上课时出了对联让我们对，起初同学们都答不上来，偶尔对出来的也只是些生活常用语。到了第二个对联，同学们思维就都拓开了，运用了很多名著中的人物和场景，这是很好的。知识不单是课本的积累，课外也是很重要的。（雷一正）

又是一个星期天，早上起床压了压心中的杂念，便开始走向食堂。吃完了早餐，教室便是我们唯一要去的地方。

书内冒出了芳香，我沉醉于其中，快乐已不再是奢望，一个字"爽"，于是读书声琅琅。

学习归学习，活动也必不可少。体育课上我们一个个不停奔跑。对对联让我们的思想迅速成长，才40分钟我们就把自己的聪慧全部用上。

下午，玩并不是唯一的选择，学习中更有别样的魅力。虽然我是在电脑房，可是我仍然没有把学习遗忘。

书香让我快乐！学习伴我成长！（凯沛）

晚上听广播去应征文学社的成员。一路听来，增大了许多压力，想要加入文学社必须开启"智慧之门"，吸收、融合、提升自己，广纳"海水"，贪婪地汲取以填满干瘪的肚皮。（金昭锡）

> 会道者一缕藕丝牵大象，盲修者千钧铁棒打苍蝇。

11月7日 星期一 晴

皮嘉欣"取经"归来

昨晚，皮嘉欣给我打电话，说想回学校读书，希望老师再给个机会。我告诉他，与爸爸沟通好，看他还送不送你读书。今天下午，他爸把他送过来了。

见面，皮嘉欣大变样：晒得黑黝黝的，他将肩膀给我看，黑红黑红的，脱了一层皮，说在工地做小工，挑灰桶。每天挣20元钱，第一天还好点，第二天腿就软了，第三天头发昏，开始求爸爸，第四天几次摔倒，第五天……于是，给爸爸做保证，一定安心学习。

经过一个星期，终于回到了学校。这个星期里，在工地劳动，感悟很多，只有经历过痛苦，才知道什么叫不容易。每天18.3元的工资，累到半死，就只有这18.3元，但是不做什么都没有，几天的劳动让我懂得更多。能回到学校，好开心啊，学会珍惜学校的时光吧。

在家的日子：每天早上很早要起来，在家自己弄一点东西吃，就去工地上劳动。那儿的人先要我搬水泥，就是一桶桶地挑。我倒了两桶，全都打到了自己身上；搬那水管，2个人，那东西100多斤的，还是最轻的了，我是把命都放上去背了，抬了一层楼，人简直要散架了！终于到了中午吃饭，爸爸说要我自己养自己，拿那18.3元吃中饭，还算好，只是饿得不行了，狂吃。下午2点，又开始了，但没要我干别的，只是爬楼梯。28楼，从上到下，4到5趟，一直到5点左右。回到家，洗了个澡，吃了东西，就睡下了。接下来的几天都基本是这样过的。有了痛苦的经历，就知道生活之不易了！

这几天的一切都让我想了很多，我开始学会反省自己。我认为自己提醒自己比别人来提醒效果要好得多。（皮嘉欣）

没有体力劳动过的小孩，让他体验体验绝不是坏事。对远离体力劳动的孩子们来说，吃苦体验实在必要。我突然想到了上世纪六七十年代的"知识青年上山下乡"的政策，换个角度而言，那不失为一种锻炼人的策略。

回来后安排他给同学讲了这几天的经历。同学也有所触动。

我，一个坐不住却有时候又喜欢深沉的人，这深沉并不是用在学习上。不知道因为什么，每次下定决心要努力时，却总是因为太过"努力"而分神，看书看着看着就会飞走，人也不在这里了。其实，我意识到了这样的危险，每次心里想好要怎样努力，怎样奋斗，可一到了那个时候，似乎什么都忘了。想读书却没有那个行动，肉体仿佛总是在压抑着我，尽管脑袋里安排得妥妥当当，从初三以来这样类似的情况经常发生。有时候觉得老师们那样看重我，但自己成绩又老上不去，对不起老师们的关爱。我很想摆脱一些束缚，努力提高自己，但往往总是事与愿违。

原来不懂，为什么那么努力还是没有效果。现在明白，努力是要发自于内心。外表的努力与内心的奋斗是截然不同的，只有来自内心的真正的力量，才可以使你一跃千里。

不过，我还是我么？（符丹）

在旅途中，我们时常要提醒自己：我要到哪里去，去做什么？

这也是炼心的过程

完美的一天又过去了，"我有一天会有一所大房子，有很大很大的大房间，也有很多落地窗，阳光洒在地板上，也温暖了我的被子。"当然，这是孙燕姿的《完美的一天》。

走到今天，我也领悟到生活的辛酸！不努力何谈美好！没付出哪来收获！考试迫在眉睫，再不努力，将会离美好的那一天越来越远。加油吧，加油！不加油，会永远被踩在脚下！

物竞天择，强者生存！（金岭）

晚自习时，听见陶老师说期中考试后要选课代表（应该说是重选），本来自己应该觉得高兴的，因为自从当了数学课代表后，作业老有几个收不齐，催，他们还不听。到头来挨骂的可是我自己，每天还要楼上楼下地跑，好辛苦。

但奇怪的是，听了这个消息后，为什么会全身冒冷汗呢？难道是舍不得？自己也不清楚。也许真的做出点感情来了吧！不知道考完之后，我还能不能每天楼上楼下地跑？不知道自己还能不能在没收齐作业后，被老师批评？一切都是未知数。反正自己心里总是相信明天会更好，我的未来应该不是梦，只要现在认真过完每一分钟。

噢！对啦，今天终于在没有借助任何外力的情况下，把英语作业独自完成了，不知道这会不会是个好的开始，毕竟以前从来没有独立完成过英语作业。（皮杰）

压力越来越大，因为只有几天就要期中考试了，不是因为怕被责骂，而是怕自己考不好会遭遇些什么。

听课时，已经比平时多了十分心，再不学就没时间了。不敢不懂，各方面都在努力，觉得数学不知为什么一到考试就不行了，平时也听得懂的。可能是欠缺了什么，要尽快找到答案，因为已经没有时间了。

这次考试的意义真的很大啊！有点紧张了，心里真的有点怕！很久没有这种感觉了，觉得以前没有压力的时候还好一些，那时至少轻松一些。不过，现在我虽看不到胜利的曙光，但是心中却充满着希望。（凯沛）

经过了一天的学习，感觉是十分累人。写完了作业后，从头复习起数学与化学，看了一会就感到还懂一些。现在真是没时间看课外书了，《拿破仑传》也还没有看完，虽然很想看，但学习太紧张找不到时间来看。我本想去图书馆借书看的，但看现在这样也打消了行动了。希望明天过得更累点。（清逸）

今天是星期一，算算时间过得真快啊！升旗时我还以为是第十周呢！搞半天都第十一周了。"中考"很近了，就在下个星期三、四。掐指一算，整八天，一天一门复习很紧张，这个星期天我估计没人会出去了。毕竟"考个好成绩，回家过个好年"的思想在当代学生的脑海中已经根深蒂固了。虽然还没有过年，但月假对于我们学校的学生来说应该是算过"小年"了吧？总之，我认为我们班没有人愿意落后，此"中考"非彼"中考"，没有升学压力，同学们绝对可以有所突破！（雷一正）

【妙如回复】有"久在樊笼里"的感觉，是吗？不过很快就会"复得返自然"了！

天下最公平的就是每一天的时间，高效运用才能学有所成。

11月8日 星期二

星星划亮了天边的黑幕

这几天，语文课节节有对句，学生兴趣越来越浓，将白天的对句在日记中继续。课上我出："李乐薇空中楼阁"，希丞在日记中对"余光中沙田山居"姓名对姓名，作品名对作品名。还有学生在日记里出上句，要求我对的……

把希望高擎在手中，让它照亮自己的生命之路。这样你永远会生机勃勃，激昂澎湃，你的人生也会因此而丰盈富足！

老师您给对下联吧：壁上钉楔楔钉壁。（游澳）

【妙如回复】"线头穿针针穿线"。这样的例子很多，它告诉我们事物在相互影响中变化着，发展着。

越来越喜欢写日记啦，不知是不是有点病，嘿嘿！

现在回想起小学时候，真的是好笑，哈哈。那时候一提起写日记就是一副要死不落气的样子，太好笑啦！上初中啦，在全年级11个班中，只有我们班要写日记，那时才感觉到——哦，生活原来还可以这样绝望，每天不过是在记流水账。

现在，到了高中还要写日记，就像这一生跟日记结下了不解之缘一样，索性改变以前的态度，以一种新的态度接受它，觉得写日记好好玩哦，每天心里有些不敢说的事都可以写出来，心里也舒服多了。日记原来还是这么美好的东西，渐渐地爱上它了。呵呵！

今天下雨，鞋子和袜子都湿了，讨厌的雨天，该死的雨天！希望明天出太阳。不过这个愿望据现在天气，百分之九十九实现不了！（皮杰）

今天下雨了，隔雨观山，朦朦胧胧，似乎飘着淡淡的白纱一般。

大家都在努力学习，我也不能再放松自己了。本来，爸爸妈妈说了，只要文科好一点就行，反正……

我的每一篇文章都像我的花朵一样，我总是细心地培育它们，希望每个人都能喜欢。我不喜欢任务式地完成它们，因为我希望它们可以在世界上的每一个角落，展露芬芳。（苗曦）

嘀嗒！嘀嗒！望着窗外的雨滴，看着大地被雨水冲洗干净，宁静着，沉思着，仿佛自己也置身于这雨海中，任雨水冲洗我被恶习污染的灵魂，洗得很干净，很透明。一切重新开始，全力投入学习中！（金昭锡）

觉得时间越来越快了，今天就是星期二了，距离考试又近了一天，那种喜悦和着急又多了一份。

不知道考试的成绩会是多少，但我一定会努力。

"天边，一颗小小的星星飞过，拖着白色的光，划亮了天边的黑幕。我知道，那是天使在微笑。"（文铭）

从现在的感觉来说，学生学习兴趣确实又提高了点。

心静是智慧的温床。

11月9日 星期三

豁达更能生慧

我不知道为什么，心里怪怪的，感觉好多东西都不懂呢。一到这时候心就不宁

静。想多了心里就不舒服，感觉好累。身体轻飘飘的，可是心是沉重的，我老是晚上睡觉时想：为什么脑子想心会不舒服呢？（高凡）

【妙如回复】心与脑，是心在动还是脑在动？睡前 50 个俯卧撑，疲劳自己，或到老师那里读一会儿书，或与同学相互背几道题、讲几个小故事……这样会舒服一些！

你这是紧张的表现：你既希望全班同学努力学习，又怕别人会超过你，处在矛盾中，怎会不累！

静能生慧，豁达更能生慧！

高凡，一个群体的努力，才是我们班级的希望，才是一个年级的希望，才是这一辈人的希望！你在这个群体中才会更强！

思想和意念的更新是使自己增添活力的关键。

亲情是一根无形的弦

这几天，不知为什么，很想回家。

前两天中午一觉醒来忽然好想哭，因为心头一时想到了家，那感觉真的不好过，太难受了。

昨天忽然好想爸爸，跑去跟他打了个电话，通话时只觉得眼泪在眼眶里转，但由于很多人通行，只好强忍着泪滴。这才知道，像我这样一个孩子在外面读书是多么不容易啊，时不时就受乡愁的困扰，好痛苦啊。好在这只是时不时地来一下。（皮杰）

【妙如回复】想家的时候，极目远眺，你就可看到妈妈给你夹菜的笑脸，爸爸送你来校时的希望，心里就会突然灵光一闪。试试，挺管用的！

期待清晨的第一道曙光

期待清晨的第一道曙光
告别靠太阳发光的月亮
太阳、月亮

让爱智慧

发出的都是光

如果阴天，只要用心所想还是能看见太阳

如果晴朗不愿被阳光所照，心里还是那样阴凉（范典）

【妙如回复】用心感悟的语言，读起来倍感亲切！靠别人发光永远没有朝阳！

心晴则晴，心雨则雨。 自己统帅自己。

11月11日 星期五 晴

"坚决不借"才是真朋友

今天终于去看了医生，就开了一瓶眼药水，看起来还不错。学习方面也很不错！不过我和皮嘉欣闹翻了，他要问我借钱但我没有借，所以他很生气。他自己还欠我二十元，又想向我借，我不借，他还生气，所以我更坚定了我的决心。我这也是为朋友好！（清逸）

【妙如回复】坚决不借，老师支持你！"历览前贤国与家，成由勤俭败由奢。"如果你能劝他尽可能节约，少乱花钱，你会是诤友。

只有真朋友，才会有忠言！

11月12日 星期六 晴

沉潜得下，才能奋发得起

天气很冷，我随手写了个句子：风寒雨冷三十二名同学齐努力心热定可创奇迹。苗曦对答：冬盼夏望六十四位家长同等待意坚准能画满圆。

呼！终于挤牙膏似的挤出了10分钟写日记，这次月考同学们明显比以前努力多了，不知是国庆被训多了，还是"良心"发现了。

语文课的下联我又想出来一个，不知行不？

卧薪尝胆上下一心齐进退明日三千越甲可吞吴。（雷一正）

他们是已经长大了！懂事了！有时，确实不需要太完美。日积月累，自会明白语言之妙！

今晚，英语单词比赛。当我拿起试卷时，才猛然发现自己那么缺乏知识，光在英语这门，就发现了那么多，那其他的呢？更何况，英语还是我的强项！做题目的时候，有那么多我不认识，很多都不懂。知识原来是那么的广，"学海无涯"我总算是懂了。（符丹）

【妙如回复】是呀，学海无涯，但也有涯。只要你真正明白了，就是大进了！扎实才可突破。沉潜得下，才能奋发得起！

Where there is a will, there is a way!

又下雨了，纷纷洒洒。风滑过，似乎是谁在叹息，无人应答。

又考试了（快了），我就知道会来了，似乎等了很久。（苗曦）

生活中到处都有路，就看你怎样走。

11月13日 星期日 晴

恐考与迎战

下午，苗曦搭同学便车回去了，晚自习未回来。8点多与家长取得联系，家长说还在家里，又病了。

让爱智慧

我对家长说：她不是病了，她是畏考！一到考试她就病，这是"恐考症"。

家长马上说：是的，是的，以前也是这样，学校快要考试了，她就请病假了！

我和苗曦通了话，要她好好休息。休息好了就要爸妈送来。她说星期一上午来。

长时间形成的心理恐考不是一下子能解决的。她是因为到了一个新环境努力了，参加了第一次考试，认为自己会不错就有勇气参加，但一试发现还是不理想，第二次就没勇气了。

考试虽然迫近，日记却不能减少。

政、史、地、数、外、化、物全部补过一遍了，接下来的就是自己的事了。两节课的政治补习，受益匪浅，什么样的东西，不管多难，通过点拨，一定能使自己接受它。

终于明白竞争的残酷，不是因它无情，而是人生必须面临的挑战。生于忧患，死于安乐。在痛苦中求得生存的人，才会是强者；安心享乐的人，终究会一无所获。

为什么人能分几个层次？那些都靠的是他们本身，每个人都能创造奇迹……

（符丹）

要想长空变成你盘旋的领地，心中就要装着鹰一样的翅膀！

11月14日 星期一 雨

总有阳光照不到的地方

刚在地理老师那里看了一下您的网站，发现没有我写的日记：

一颗激动的心

一双灵动的眼

在文字中穿梭

寻寻觅觅仔仔细细

并没有发现想看的

脑海中闪过去的

难免会是一种失落

如果硬要把失落的戒指给我戴上

我还是会选择

再次寻寻觅觅再次仔仔细细（范典）

【妙如回复】还没来得及！怎会落下你呢？我晚饭都还没吃呢！

学生越是关注，我就越需做得更好。要维持好他们的那份热情，保护好那颗向上的心。

> 只要有不屈的耐力和信心就会有奇迹。

自己逼自己

总觉得不足的地方太多了，总觉得这次考试好虚，那不是一般的没把握，我觉得这一次我一定会考不好，我真的感觉到了。有时又想，要是这次考好了，又怕会保持不了，也许这次注定要败下来，这要受了打击，才可以激励我在下次考好一些。我总有一种感觉，感觉上帝在帮我，所有的所有都是由人安排好了的。

我知道就算保持现在的位置也很难了，可是我怎么也要做了才知道，给妈妈打电话，对她说自己好多都不明白，学起来好没底。妈妈问我是不是不想读书了，我突然感觉读下去是那么难。

我说我读得下去。妈妈说："不要怕……，这是高一的一个转变过程，过去就好了，回来我们一起想办法。"我在妈妈那压力真的不大，因为她关心我多于关心我的成绩……可是我心中知道我比谁都要成绩，妈妈比谁都需我来一个飞跃。我想过读好书让妈妈骄傲，可是我从来不为这个读书。

这几天出奇地用功，中午在寝室不看书都觉得是在荒废，晚上每天看书到十一点再睡，成绩似乎不那么重要了！至少我明白了学习方法，这样学下去不好才怪，最重要的是养成一种习惯！（高凡）

> 没有完美的人生，却有圆满的生活。

我们需要这样的声音

晚自习，老师们开会，教室里总有同学讲话。我自认为不是什么好学生，我的成绩很差，但我敢说，我没影响过班上的同学学习。符丹在负责，可总有人不听。我实在忍不住了，就说了一句："人要有自知之明，你不要学，别人还要学习。我知道我是全班倒数几名，可是我没有影响过你们，希望你们现在也不要影响我。"我的声音很大估计全班的同学都听到了。

我发现，今天晚上讲话的基本上都是一些成绩比较好的同学。难道他们真的全都复习好了吗？冷静下来想想，可能我真的没有资格讲前面那几句话吧！（晓波）

【妙如回复】说得好！他们需要听到这样的声音。如果你这样说："朋友们，静下心来，动笔做一做练习，我们会发现还有很多知识还没学懂呢！"你说效果会不会更好？

考前沉不住气，是对考试没有充分的认识，是考试心理没有调试好的表现，也是基础不好、自认为很认真了、学进去一些东西了、考前自以为是的同学的通病。解决的办法，除语言暗示之外，更好的就是让他们尝试失败。

> 失败者比成功者差的就是接近成功时的那份沉着。

网上留言

◆看到上面学生的日记，感觉到了他们内心的焦虑。在您的哺育下，他们有这种焦虑其实说明他们长大了，懂事了，会学习了，能够认识到自己的不足实际上已经成功了一半，真是好样的！

◆看了我那小子的日记，感觉比原来想象的好。目前认为，似乎有所进步，但需要最终的验证。

◆对于考试，无论焦虑还是彷徨，都以成败论英雄。目前的社会评价体系就是这样，只能个人适应社会！

◆ "成者为王败者寇"，历史从来都这样下结论。当然，并不是人人都需要惊天动地的成功，一点点的进步就是较好的成功！我期待着！

◆ 妙如：冰冻三尺非一日之寒，融化这些孩子需要阳光般的温暖。学的是知识，考的是能力。要将知识转化为能力，还会有一段夙兴夜寐的艰难路程。

11月17日 星期四 晴

目的一致，方式不同

期中考试结束，学生成绩提高幅度较大，状态也比较好，但一种洋洋自得的情绪溢于言表。晚自习统一写阶段总结。

大休，说过去就过去了，一下40天就这么过去了，过得真的好快，明天又要回家了，回想起来，真的好快，可度过的日子总是漫长的。

想再拿起笔，总觉得拿不住，不知道怎么着，自己不会写字了，也不知道写什么，也许现在不该写吧！其实我觉得……被盯着是没什么用的！最主要的还是心里想读书，我就有这样的感受。小学时老师盯着读那是个好办法，可是现在高中了，老师是盯不住的。

要明白自己为什么读书，我以前为别人读书，心里也有数，有心读，就没什么问题。后来为自己读书，要自己多经历点，体会到要读书了，自然会好好读书的。逼，也只能是在想读书的情况下督促。（高凡）

当我右手中指的骨节接触墙壁的一瞬间，疼痛的感觉就已经开始在我的大脑皮层久久盘旋，打在墙壁上的拳头立刻在力的相互作用下反弹了回来。墙壁，静静地，将刚才所发生的暴戾气氛照单全收。"咚"左手又一拳头，可惜我的所作所为并没有得到所期望的效果，雪白的墙壁，傻傻地呆在原地，强烈的疼痛感也随之而来，人类强大的病态思维被我体现得淋漓尽致。

"只有疼痛才能消除愤怒"，这话果然很对。当我的双手已经红肿得无法握紧时，我瘫坐在地上不停地颤抖，我用我脆弱的身体去撼动坚固的墙壁，这实在是一种极大的讽刺，我为了让墙壁有一丝的动摇，付出了这么大的代价，但它却纹丝不动，纯洁无瑕，同样也坚固得无可比拟。

愚蠢的我愚蠢地做着愚蠢的事，被愤怒冲昏头脑的人只会变得更愚蠢，当我不断想摧毁眼前这座阻碍我的墙的时候，却忘了我可以从旁边绕过去。

生命是可悲的，但每个人都只有一次，就算再怎么愚蠢，我相信我还是过得下去的。（童济）

11月18日 星期五 晴

回家吧，那里有等你的爸妈

今天大休接送，几个跟家长关系还没解冻的学生与家长电话交流中出现了冲突。

◆凯沛家长：我那小子就由校车送到市区、火车站，他妈再去那儿接。放假大概几天？回来后还是由他自己安排，麻烦您帮我叮嘱他的学习任务，他每次都强词夺理向低标准看齐，我这次看看他自觉性怎样，看他是否还向低标准看齐？

凯沛是本期从外地来省城的，上次大休也没回去，所以他填写的是老家地址。我们总认为过去是美好的，总希望重温。其实，一旦重温也会发现，过去的确实是过去了，或许还会发现，已经不在同一起跑线上了，但如果你强行控制他与先前断绝，结果大多是愈绝愈不能绝。

◆妙如：我建议您让他这一次了了那个心愿。
◆凯沛家长：那边没有人，即使要回去，到时可以和他妈一块去那边。他一个人过去，会几天不归家，作业根本就不会做了。
◆妙如：那就请家长提前到学校来接。
◆凯沛：我一定要回老家！
◆凯沛家长：本来就打算让他回去一趟，到时候来市里和他妈一块回去，先把这次期中考试考好，达到自己预定的名次。回去后自己安排好：第一，尊敬长辈，不得目无家长；第二，安排好访友的时间，每天按自己定的时间回家（回市里的家）；第三，要按时做好作业，保证按学校和老师规定的时间每天看书。我相信能够做到，如果做不到，不要和我谈其他条件。

上午 11 点，凯沛的母亲脸色苍白地带病而来。我说带她去教室，她说她怕孩子不见她。我让她在办公室休息。让一个同学去叫，凯沛竟说"我死也不要她接"，几个学生劝都劝不了。

学生与家长关系紧张，无非是管得过紧、过严，或者沟通不够。稍微严格点他们就受不了，要反抗，他们对父母的关爱有时候根本就不知道如何珍惜。代沟是存在的，但理解是相互的。

我到了教室，没有急着让凯沛去见他母亲，而是给同学们讲起了我小时候的事：

小时候，我是伴随着父亲被批斗长大的。那时，我父亲是"特务、俘虏、历史反革命"，只要开批斗会，他不是被陪斗就是被批斗。而我和我的哥哥姐姐们，作为学生，总是站在下面流着泪、喊着口号打倒我的父亲。正因为这样，我们那时只是孩子也会受到不公正对待，就是不公正，你也只能忍着，不忍，招来的只是更不公平的待遇。

记得有一次暑假，我和姐姐在田里扯秧，我们分明比队长的两个女儿扯得多好多，可是一量，会计硬说我们比她们少。我当然不服气，大叫说他包庇，会计当时也没作声。可是当我回家还没到家门口，就见到妈妈手上拿了根麻绳，脸色特别难看。她见面就打我，用绳子把我绑在禾场的一根柱子上，用竹扫帚抽，边抽边骂，引来好多人看，那年我 11 岁。打完后用布给我擦血时，妈妈几乎是带着哭腔跟我说：孩子，牙齿断了往肚子里吞。

还有为了入团的事，我填过几次表，每次都不批准。有一回老师跟我讲，只要我又考了区里第一，保证可以批准。回家我跟父亲说了，他也很高兴。可是等到新团员宣誓，依然没有我的名字。我火气很大，气冲冲地冲进班主任办公室。班主任见我进来，用玻璃杯给我倒了杯茶，我接过来问："您不是说只要我考区里的第一就可以入团么？"老师脸色也不好看，说："是你父亲给你留下了所谓'光辉'的一页！"我听后，气得端起那杯茶"啪"地往地下一砸，就冲出了办公室。放学回家，父亲靠在大门口，问我："宣誓了吧？"我再也忍不住了，边哭边叫："宣誓了，宣誓了，就是你给我留下了'光辉'的一页！"这样目无尊长地大吵大闹是前所未有的。母亲跑过来，狠狠地抽了我一耳光，说道："有本事，你不靠这个家！"

在曙光将要来临的时候，母亲病逝。她尚存一息之时对我说："逢人让三分，记住帮助过你的人；不争名不夺利，埋头做强自己。"后来，我只要想到过去的这些情景，就会想起父亲、母亲。为什么要绑在外面的柱子上打？会计对母亲说："看你们大人平时为人好，不想上报，你好好教育教育！"为什么母亲要抽我一耳光？父亲已经太苦了，她怎能让自己的儿女再去羞辱他！几十年来，我把母亲的话铭记心中，我只能靠记住这些话来追忆母亲！

有母亲真好！有委屈可以向她诉，有烦恼可以向她说！

好啦，马上要接送了。回家吧，那里有等你的爸妈！

第四章

11 月 20 日—2 月 1 日

　　庄子与惠子游于濠梁之上。庄子曰："儵鱼出游从容，是鱼之乐也。"惠子曰："子非鱼，安知鱼之乐？"庄子曰："子非我，安知我不知鱼之乐？"惠子曰："我非子，固不知子矣；子固非鱼也，子之不知鱼之乐，全矣！"庄子曰："请循其本。子曰：'汝安知鱼乐'云者，既已知吾知之而问我。我知之濠上也。"

——《庄子·秋水》

　　快乐之源在乎一心，心晴则天晴，心雨则天雨。快乐就在体验中。

假如我是老师

大休，布置假期作业是很必要的。但要布置能引发学生兴趣、激发学生思考的作业，那就需要老师的创意了。

于是，我与学生商量，乘这个假期有时间，大家来学着当当老师，设计怎样教学。

我提出了个"假如我是老师，我这样教……"的假期作业。学生赞同，并提出了一些建议，说一个人一课，怕做不好，两三个一组做会做得更好。让学生当老师授某一课，是我从读初中时我的老师那里学来的，教书这些年也常常用一用，但那都是让程度好一些的学生做。但这次不同，每个人都有任务，大休回来两周的语文课全部让学生授课，老师既听课又评课，然后师生共同商议提高学习效率的方法。

尽管我在课堂已经和同学们交流过如何设计，我还是在网上提醒学生：你认为怎样学最好就怎样设计，当然啦，重点难点要把握（课后练习），文章朗读要重视，佐料不可滥放，个性不可不张扬。希望同学们的设计别出心裁。并将我自己对教学设计的一些体会推荐给学生。

课堂也需添佐料

要想课堂能激起同学们学习的兴趣，就要多想点办法。

举个很普通的例子吧：做菜，必不可少的是什么？盐！而后呢？油！以前普通人家炒菜有油、盐就觉得口味很不错了，后来又添加了味精，再后来，添这样那样。到现在，佐料越来越多，有时做一道菜就加了十多样佐料，你说麻烦，我说值得，好吃呗！

这告诉我们：物质生活水平的提高将会激发其他需求欲的增强。

还有一种情况：无论那道菜味道多好，我就是不吃，因为我不喜欢这道菜，这便是挑食。

所以，老师要细心地发现学生的起点和需求。他们中大多可能是通食，也有部分可能是偏食。无论是通食或者偏食，绝不是天天吃只放"油盐"的菜就能让他们津津有味的。

不同的课，佐料有不同的加法：

113

数学课，每个数学老师脑子里装它几十上百个数学故事，根据不同的教学内容将这些个故事对号入座融入课堂，学生不听才怪！化学老师将一个个成语或化学故事用于化学教学，物理老师用趣味物理来点缀课堂，英语老师讲中外差异穿插自如……

上课就像是烹调，是清蒸，是煮，是爆炒，还是红烧？如此种种，教师要去琢磨。是纵向加深，还是横向扩充，教师要依据学生水平设计，根据课堂实况随机取舍。这样教师的水平才能充分地发挥，教师的智慧才能充分的展现。

油、盐、酱、醋、味精、鸡精、葱、蒜、辣子、糖、香料，学生说怎样好吃，你就怎样添，那个课堂能不让人垂涎三尺吗？

> 一个优秀教师的本领，就在于他有足够的智慧，能从平常的设计中发掘出一个个引人入胜的细节来！

学生喜欢有个性的课堂

同样的内容，不同的老师，就可依据各自的个性上出风格迥异的课来。

怎样的课，算有个性呢？

具备独立自主的教学特点，设计独树一帜的教学思路，寻求与众不同的教学艺术，塑造别具一格的教学风格，展现超乎一般的教学品位。

以上这些都能具备，那无疑是教学大家了。若能根据自己实际锤炼一二，课堂也会熠熠生辉。

怎样判断自己的教学个性呢？

这个问题看起来很难，其实是很容易的。你只要闭目细想：我上课，学生最喜欢的是哪点。也就是说，你上课时，学生眼睛发亮的时候一般是在什么时候，一个习惯性动作，或是一个亲切的笑容？是漂亮潇洒的板书，还是你那深入浅出的比喻？或者也可问问学生，问问同仁。

怎样塑造教学个性呢？

歌德曾说过这样一段话："你可以在许多片段里写得很精彩，但是涉及你也许还没有认真研究过、还不太熟悉的事物，你就不会成功。你也许写渔夫写得很好，写猎户却写得很糟。如果有些部分失败了，整体就会显得不完美，尽管其他部分写得很好，你也写不出什么完美的作品。但是，单挑其中你能写好的来写，你就有把握写出一点好作品来。"

是的，如果流于一般化，任何人都可以照样模仿，要上出个性，那就得深究细研，才能将自己的教学长处发挥到极致。

个性是你有别于他人的旗帜。

假期中，学生在家找资料看资料，作设计，兴趣盎然。

网上留言

◆皮嘉欣：我不知道怎么做啊！老师指导一下。

◆皮嘉欣：老师，我找到了，是不是这样（作者及背景介绍将近2000个字）……

◆妙如："导入设计"找得不错！如果自己创造会更好。"作者及背景介绍"假如老师平时是这样介绍，你认为能听进去多少？再动一动脑子，你会做得更好！

为自己储备点基本口粮

美文名著荐读一直坚持着。学校"读书节"活动也开展得有声有色，学生读书兴趣随着读书的深入而日益浓厚。

我和学生聊：一个人一生，一定要读几本很值得读的书，反复读，反复品，才能从中悟出点什么……

不同的人读同一本书，都会有不同的感受，因为他们有不同的情感态度和价值观。有的可能读后为自己讲故事增添了材料，有的可能读后写出了许多的评论，有的或许受鼓舞照亮了自己的一段人生旅途……但也有的看过了就过了，只留下一些依稀的记忆。不过，不管怎样，开卷有益！这也可以说是为自己储备的基本口粮，有了这些基本口粮，你就不会饿得慌。

一个时代有一个时代的主流文化，也许，有些人会认为那些古典的东西时代已把它们抛到后面去了，要想从它们身上再汲取什么营养那就太落后了，但我们也需要明白继承是为了更好地发扬。

例如，读《三国演义》让我们学会批判性地继承。历史上的曹操，为统一国家起过积极的作用，但《三国演义》却把它塑造成为"托名汉相，实为汉贼"的奸雄形象。读《三国演义》，诸葛亮的"定位"是不是大智慧呢？不管在什么状况之下，他都非常清醒自己是为人臣的身份，鞠躬尽瘁，死而后已。读《三国演义》，有没有比诸葛亮还聪明的人？贾诩算不算？周瑜真的是被气死的吗？读《三国演义》，虽是古代的战争，但它是一部描绘智慧的战争，现代战争大有可借鉴的……
读《三国演义》，我们可学习的太多，遣词，造句，布局，谋篇；读《三国演义》，
我们可借鉴的太多，修身，齐家，治国，创天下。

《三国演义》是古典名著，新时期的你看后定有新的感悟……

胸藏万汇凭吞吐，腹有诗书气自华。魅力是一种内蕴，唯读书才
能提升。

11月30日 星期三 阴

别有风味的一幕

假期特殊作业，今天开始汇报。先由符丹、游澳、范典、李哲四位同学上了第
一堂课。事先审查了教学设计和操作程序。他们执教的是《〈名人传〉序》。上课前，
符丹将"不知道并不可怕和有害，任何人都不可能什么都知道。可怕的和有害的是
不知道而假装知道。"这句名言抄在黑板上。上课铃响，他们喊"上课"，并提出了
课堂要求。

符丹导入：请大家读一读这句话，并猜一猜这是谁写的？

学生到书中找答案，他告诉大家说：书上没有，这是罗曼·罗兰写的《名人
传》中的名人之一列夫·托尔斯泰说的。下面请同学们说一说，你心中的名人
是谁？

同学思考并回答。

李哲介绍了作者及写作背景，范典带读了几个易读错的字。他们分节范读了课
文，并要求同学边听边思考课后问题，着重和同学一道揣摩课后第二大题的三个关
键句子。

同学各抒己见，逐一回答。这时，有个学生趴在桌子上，他们中迅速有人走过
去提醒，温和而有技巧。

品析了句子之后，他们抽了六位同学朗读课文。并要求同学认真听读，抽同学
评论。接着又提出了一个问题：为什么把首席给予坚强与纯洁的贝多芬？最后，全
班齐读了第六、七自然段。他们做了课堂总结并问大家有什么收获。

让爱智慧

这时铃声响起，他们齐声"谢谢"，跑下讲台擦汗，尽管已是冬天。

我没来得及说一句话，只在黑板上快速写下"人品是最高的学位"。

今天是同学们第一次自己上课。感觉是新鲜的，体会是不同的。虽然每个人都没有上课的经验，可是还是看得出他们是有精心准备的。他们没有紧张，认真地读着课文，大方地给同学讲解。他们讲的可能很肤浅，甚至可能没有抓住文章的本质，但是有他们的一心一意、认真准备、坚持到底的精神也就够了！第一次讲课，能表现得这样已经很不错了！（敏纯）

今天的课，觉得还是蛮有难度，老师也不好当！特别是要当好老师！（范典）

老师拿语文课来让同学上，这肯定是有目的的。课上得很成功，无论是台上的"老师"，还是下面的学生，配合得很好。同时，"老师"们为了上这一堂课，也准备了许多的资料。在以后的日子里，大家都要当一次"老师"，所以都将接受一次特殊的培养。（文铭）

今天上了一堂语文课，由同学们主讲。上得还好，思路不错，要是再提几个有建设性的问题，那就更好了。不知哪一天上《我有一个梦想》，我一定要上得更好！（皮杰）

好像没学到什么东西，是不是在浪费时间？（高凡）

今天，老师把语文课让给我、符丹等四个人上，一开始好高兴可以做一回老师，可一到了讲台上，就不知所措了。开始有点慌，多亏同学们配合好才能够上下去。我现在发现当老师真不容易，不仅要备课，还要结合很多东西。（游澳）

网上留言

◆可惜不是你：陶老师，看了同学们自己给自己上课的情景，我觉得好有趣。以后应该也会有很多这样的机会吧！

◆凯沛家长：不错啊。我感觉陶老师心血没有白费啊，小子们真的慢慢上路了，多"逼一逼"一切都可以改变的！

◆妙如：动机与效果是否一致，我们只能预估，希望如此！谋事在人，成事当为天人结合的产物！

◆咔咔布：对啊。世界上本来就没有路的，就是走的人多了，也就变成了路。

◆xwy：大家都听得很认真。可是同学上课，课堂会不会不紧凑，学到的会不会很少？

◆妙如：小朋友，你试一试不就知道啦！你得充分准备！不然，只能应付几分钟！

尝试是创举的开端！

您准备交权了吗

权力是地位的象征。用好手中的权力，并不意味着牢牢抓住权力不放，而是要让可以信得过的他有权力感，这样就可以形成权力的移交，不至于权力脱节而制约集体的发展的进程。切忌专权，应该大胆让权！您准备好交接指挥棒了吗？

请您对个上联：夜深还"走"女墙来。（游澳）

【妙如回复】游澳，刘禹锡《石头城》中"淮水东边旧时月，夜深还过女墙来"之句，你改一字要老师对，是不是借此句来说老师每晚夜深了还要到寝室检查呢？是不是要告诉老师有同学半夜爬墙外出，天亮前再爬回来呢？如是这样，老师欣慰之余，更有欣喜！

资格是给的，能力是培养出来的，权利嘛就是活动的了。能者居之！老师充分信任大家，才会实行班级自主管理，但暂时需要一步一步扶持，等到你们认为能放手时就放手！

你所设上联为平声尾，需用仄声尾对，而在对联中要求上联仄声起，下联平声收。将此联作下联，老师补上联吧：晨曦就"叹"光阴过，夜深还"走"女墙来。

老师也摘抄了两句，送给你：

一只鸥鸟，峭立汪洋，独影水天，我是大海的儿子，我落泪思乡。

一只山鸡，妙岩茕观，望断天涯，我从大山中走来，愿铿锵人生。

真言是信任的标签。

给需要机会的孩子创造机会

成鹰的爸爸又给我打了电话，说成鹰的脚完全好了，思想也通了，一定要来学校读书，替他找了好几个走读学校他都说不好。

我说让孩子自己找吧！

我请示了黄主任，他给了我明确的态度："部里将会更多地协助你，下下周你们班升旗，让同学们锻炼锻炼。"

很多事情不是一个人能做好的，有领导同事的支持与配合，做起来才会更有效果。学生也会更加感觉到学校对他们的关怀。

我将消息告诉了同学们，他们的反应果然不寻常："不会吧，我们是三层次班耶。"我说具体要等德育办通知。

把最美的笑容给天空

连续几天的雨天，天空总算出现了几丝笑容。

天空都给我们笑容，我们就应该一样，把最美的笑容给天空。

天格外的蓝，云格外的白，但吹来的风，却是那么的凉！

冬去春来，寒冷过后，就是温暖的阳光！（成鹰）

【妙如回复】将自然与人融合，写出独特的感受，颇有意境。"冬去春来，寒冷过后，就是温暖的阳光！"充满憧憬，充满希望，也充满着对人生的乐观向上！

这是成鹰返校后写下的日记，看到上述的文字，我很欣慰。

心情开阔，处处有阳光。

"读书节"作文大赛

今天晚上，高中部进行学生"读书节"作文大赛，原则上是每班挑选一些参加，我认为这是个好机会，所以全体参加了。成鹰写了《读书吧，不会再空虚》的文章，我在班上读了，又引发了许多同学的感慨：

我初中一、二年级是在 f 中学读的。那时，由于太爱上网，寻求那些虚拟的世界而不学习，成绩一落千丈。后来，家里人让我换一个环境，去了 c 中学，因为舍不得 f 中学的朋友、同学而天天逃课，就在社会上溜达。久而久之，人变得脾气暴躁；后来脑子中，就没有读书、学校这些词了。

其实，我也想过要成绩好，但火车脱轨太远，是真的接不上。所以，就只有天天无聊地过日子。

其实，一个人，如果与社会过早地接触，并不是件好事。因为，我们现在的年龄是不合适的，就像走路一样，走都走不稳，就别想先跑，那样只会弄得自己满身是伤。

这个年龄就是要读书，古人也说："书中自有黄金屋"。读书，不一定只有语、数、外等教科书是最重要的，挤时间看看小说、传记……至少在学校里，读书、看书，不会过于空虚，也会让整个人充实许多。

读书，不一定硬要成绩特好，学校是个大的池塘，会让许多弱小的鱼儿成长。在学校，你不光只学了知识，而且更重要的是教你怎样做人。

虽然我读书并不感觉到很快乐，但是，我充实！我不会再那么空虚！（成鹰）

陶老师，刚才听您读了成鹰的作文，我深有感触。我曾经也有过一段让人瞧不起的过去：

小时候，父母工作忙，我一直是跟着外公外婆长大的。到了进初中的时候，我执意要到外地读书，去寻找我所谓的自由。父母很宠我，就把我送进了省城的一所学校。离开了家的我，就像自由自在的小鸟，没有笼子束缚着，任我所为。得到一些东西以后，也会失去一些东西。成绩一落千丈，脾气变得很暴躁，一天到晚也只晓得去玩，我们经常玩在一起的几个人，也被学校在大会上做出处分。但是我还是没有悬崖勒马，继续在一起打架之类的，也许当时是认为好玩吧，现在想起来，当时真的好无知!

到了初二第二个学期,我就转回家乡就读,老师都很宠我,我顶撞了老师,校长还护着我。我越来越嚣张,无视他人,谁的话也听不进。父母已经很失望了。

父母经常说:即使我们对你已经失望,但绝不放弃。于是,高一的时候我进了我们这所学校,也正是在这里,我才有所觉悟,开始加油:已经脱轨的火车,我要让它重回轨道。因为我相信:我能改变我自己!

陶老师,请您代我转告成鹰同学一声:帆破了,船还能向前驶去,前提是桅杆没有完全倒。成鹰同学的帆只是破了一丁点儿,几针几线就能缝好。他的内心很好,他已经完全明理,那就扬帆启程吧!

其实,我很早就想写这篇文章了,只是不知如何下笔。今天正好能够借题发挥。相信自己,过去只属于历史,现在才属于自己:没有被水淹死的人,还能挣扎、选择正确的出路,就不会永远沉在水底!(希丞)

解剖自己是超越自己的前奏。

12月7日 星期三 晴

领略了,就提升了

学生授课活动,历经一周,全部结束。这次活动学生表现可分为四个阶段:

第一阶段,各自准备,兴趣盎然。全都选了课文,做了准备。像成靖还做了课件。

第二阶段,准备充分,跃跃欲试。几个同学尝试后,其他人都有一试之欲望。

第三阶段,愈试愈难,望而却步。不是退缩,而是更认真地获取。

第四阶段,豁然开朗,有所领悟。知识是能力的营养,能力靠知识支撑。课堂是一门艺术。

大胆设想才有奇趣,小心求证方有好的效果!

今天是自己的

天气突然变冷了许多，前几天的阳光都消失不见。

谁也无法掌握明天，但今天是自己的，珍惜身边的一切。

时间不为任何人停留，更不会因任何人而倒退。

出生在冬天的摩羯，虽然表面对任何事都冷漠，其实，把自己在乎的东西，看在眼里，放在心中，只是不愿对别人表达而已！（成鹰）

【妙如回复】"冬眠"的目的很多，我以为最大的好处就在于积蓄。"出生在冬天的摩羯"定会冷静又多思。每天都是自己的，好好把握今天，才会有更好的明天！

简单到极致就是绝招

学校今天举行了一年一度的班主任工作经验交流会。7:20准时从学校出发。老师们一路谈笑，轻松欢快。

我习惯性地带着相机，一路拍来，颇有趣味。坐在旁边的老师说看看效果，正好我拍了雾中的太阳：尽管雾很薄很薄，太阳还是披上了层轻纱；尽管披上了轻纱，还是难掩太阳的光华！

到达会议地点，走进了会议室，端坐听良言，老师们边听边记，气氛融洽。聆听了八位老师的经验，分享了他们的为教之乐。幼儿园代表给孩子们奉上的是精心，小学代表展示的是慧心，初中代表流露的是爱心，高中代表凸现的是老师们的专心。不同阶段，方法不同；不同个性，风格不同；不同科目，说法不同；不同年龄，侧重不同。太多的不同引起太多的思考，班主任工作究竟怎样做会更有效一些呢？

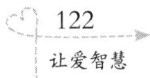

我听讲、看书、实践归纳一下，也呈上一个简短的"发言"：

第一，要异想天开。师生都要有理想，老师和学生一道牵着梦想上路；师生都要有计划，和学生一道研究，设计出一张施工总图，并画好平面图、侧面图……这样成就学生的同时，也提升了老师。

第二，要脚踏实地。师生都要务实，博学。

第三，要责任心强，要用发展的眼光看待学生。成长中的学生难免有过错，就像太阳也有被乌云遮住的时刻，美玉也有被泥石包裹的时候。

第四，要廉洁公正。让学生享受真正的平等教育。

第五，要互相尊重。要民主，但有时还需要点儿技巧性的"专制"。

第六，要创新、随机应变。复杂的事情简单化，简单的事情深刻化。

很多事情，简单达到极致就是绝招。学高为师，德高为范。知识渊博，处事公正，坚持不懈，创新求变者是永远受学生欢迎的老师。

交流是提升的平台，虚心是质变的条件。

12月16日 星期五 晴

原来自己是在幻想

这段时间生病的学生又多起来，跑医务室的一批又一批，而且都在第八节课去。我感觉大多是"懒病、散漫病"再次发作。

连续几天的晴天，阳光仿佛把冬天的气息带走。阳光特温暖，晒在身上特舒服，仿佛现在已是春天。但风一吹，一个哆嗦，原来自己是在幻想！春天还没来，是因为冬天还不愿这么早离开！（成鹰）

【妙如回复】尽管简短，很有诗意。坚持写，坚持多写点观察、感悟！诗来自生活，诗来自幻想。有了生活，有了想象，就有了诗！

举棋不定时，请抬头凝望远方。

过程使大家提高

明天我班要升旗，今天体育课上老师再次调整方队训练。晚自习模拟升旗，德育主管到场指导。

天很冷，温度又低，加之北风也来了劲，可学生在场外训练了一个多小时，没有一个叫冷的。同学们反复演练，他们要求自己：绝不能出现低级错误。

高凡和符丹在校电视台进行最后一轮演讲比拼，确定明天国旗下的演讲人。

第三节晚自习，黄主任、德育主管又走进了高一10班教室。黄主任对学生说：只有准备充分的团队，才有创造出最佳效果的可能。你们准备充分，相信明天的升旗一定会圆满完成！

领导的重视和支持传递给学生的是莫大的荣耀、激动与责任，他们写道：

今晚，我们提早练升旗，同学们都非常认真，毕竟这个机会太难得了，大家都知道这次升旗的重要性。在老师们的指导和同学们自身的努力下，我们终于练得比较熟练了，关键就看明天表现了。我想，我们一定会比今天做得更出色。（皮嘉欣）

明天，是我们班升旗。升国旗！何等光荣的事啊！老实说既兴奋又紧张。以前从没参加过类似的活动，相信不少同学也和我一样是第一次，心里应该和我差不多。但我认为明天我们会成功的。因为，我们是最棒的！

担心明天会下雨！（雷一正）

今天是星期日，明天就是星期一了，我们班升旗的日子就来了，好激动，好紧张，好兴奋！体育课就开始训练了，课中因为一点点不满意，差点失去机会。现在想想，多难得的机会呀！人生能有几次这样升旗的机会啊？还好、还好……

晚上，又演练了一番，有点感觉了。升旗，多么庄严神圣的事啊！室外很冷，但还是挺过来了，毕竟要完成的是一项庄严的任务，这点冷算什么！有点儿刺激，因为紧张嘛！练了几个回合后，还真像那么回事了，虽然无法与天安门的军人比，但自己毕竟是尽了全力了！

明天，我们会成功吗？我认为，一定会！（凯沛）

> 充分的准备是圆满的前提。

国旗令我们庄严

从正式接到升旗的通知后，我们就着手准备。这样的机会，不可能每个同学都能上，但应该让每一个学生都受到锻炼和洗礼。

准备演讲稿。"用优异成绩向新年献礼"这是学校规定的话题。每人写一篇800字以内的演讲稿。用三节语文课时间组织班级演讲。高凡的演讲稿"尽力而为还不够，要竭尽全力"选定。

确定演讲人。很多学生都想讲，于是我让他们自己将稿子抄写后练习，演讲前一个晚上在校电视台再次演讲确定。

旗手、方队人员确定。挑选自训，体育老师组织训练，18日晚反复操练。

12月19日8:00，升旗仪式开始：他们步伐一致，坚定有力地迈向升旗台。升国旗，升校旗，一切都在规范中，利索，准点，漂亮！

国旗下讲话，符丹同学声音洪亮，语句流畅，有气势。

回教室后，很多同学说一开始好紧张，升旗时却不紧张了，是心理素质提高了吗？

能够漂亮地完成一次升旗，是多个部门的支持和指导的结果。星期一，团委书记审稿；星期三，电视台老师审音，高中部德育办老师进行培训……

升完旗，校长说："不错，演讲发音标准，声音响亮，时间控制得好，内容有鼓舞性。"利用每一次活动，让学生受到全方位的陶冶，这才是活动的真谛！

每一个细节蕴含着教育契机，每一个活动都洋溢着文化信息。

国旗下的讲话稿

尽力而为还不够，要竭尽全力

撰稿：高凡　演讲：符丹

我给大家讲个故事：一年冬天，猎人带着猎狗去打猎，猎人一枪击中了一只兔子的后腿，受伤的兔子拼命地逃，猎狗在后穷追不舍，可是追了一阵子，兔子跑得越来越远了，猎狗知道追不上了，只好悻悻地回到猎人身旁。猎人气急败坏地说：你真没用，连一只受伤的兔子都追不上！

猎狗听了后很不服气地辩解道：我已经尽力了呀！

兔子带着枪伤成功地逃生回家后，兄弟们都围过来惊讶地问：那只猎狗很凶，你又带了伤，是怎么甩掉它的？

兔子说：它是尽力而为，我是竭尽全力！

是的，现在，处在学习的黄金时期，我们尽力而为还不够，要竭尽全力！

在美国西雅图的一所著名教堂里，泰勒牧师对学生说，谁要是背出《圣经·马太福音》中第五章到第七章的全部内容，他就邀请谁去西雅图的"太空针"高塔餐厅参加免费聚餐会。

《圣经·马太福音》中第五章到第七章的全部内容有几万字，而且不押韵，要背诵无疑有相当大的难度，尽管参加免费聚餐会是许多学生梦寐以求的事情，但几乎都浅尝辄止，望而却步了。

几天后，班上一个11岁的男孩，胸有成竹地站在泰勒牧师的面前，从头到尾按要求背了下来，竟然一字不落，没出一点差错，到最后，简直成了声情并茂的朗诵。

牧师比别人更清楚，就是成年的信徒中，能背诵的也很罕见，何况是一个11岁的孩子！泰勒牧师在赞叹男孩那惊人的记忆力的同时，不禁好奇地问：你为什么能背下这么长的文字？

那男孩不假思索地回答：我竭尽全力！

16年后，那个男孩成了世界著名软件公司的老板，他就是比尔·盖茨。

是的，竭尽全力，一定有成！

当然，竭尽全力时也要讲究方法。知识就像一张拼图，你能说哪一块最重要吗？你会说每一块都重要，都不能缺少。当你拼好了一张两千块的拼图，最后竟发现缺了一块，那一块最重要吗？也不是，那一块只是最大的遗憾。

不要再问哪一科最重要，强化强项，强攻弱项，竭尽全力获取更多的知识。

同学们，让我们在老师们的教导中，在亲人的期望里，勇武起来，竭尽全力，非战胜，绝不离开战场！

这，就是我们向老师、家长以及给我们自己奉上的新年贺礼！

网上留言

◆袁潇：得天下英才而育之，天下英才得其育之。因竭尽全力的老师，培竭力而为的学生。

◆妙如：学海有涯，实应层层递进；潜能无限，理当步步紧逼！

◆凯沛家长：不错的内容和功底，学生们半年的变化很大，几乎每天都有变化！

> 我崇高，人类就崇高。

12月20日 星期二 晴

"书香班级"

通过年级组、教研组、学校层层评选，高一10班被评为学校"书香班级"。学生备受鼓舞。

书香班级评比参考的是：学生整体读名著本数，读书笔记字数，参加读书大赛获奖次数。

什么叫书香？以前有"书香门第"之说，大抵是这家传承着读书的风气、习惯以及良好的文化教养。"书香班级"应是浓浓的、厚重的读书氛围？

我们班开始有读书的气氛了，就量化的数字而言，确实进步了。但离"书香班级"的内涵，还有一段距离。不过，只要老师用心而又智慧地引导，假以时日学生是可以领略到书海畅游的欣喜的。

文学之所以优美，是因为它能加上不可被捉摸的形容词，这些词汇往往能给空白的物质以更多的感性。

积累，是写东西的源泉！

今天又冷了，北风瑟瑟地吹，最低温度4摄氏度，这个冰箱里经常出现的温度，我感觉就像在冰窖里。冬天，已经到达很久了吧，可现在才让我有点相信了。

走在路上说话呵出来的气都是白色的雾团。很喜欢这种现象。这时候，任何一个人对于你，都是温暖的。多好，世界上的人，全部变得有血性了。（苗曦）

> 读书之乐乐何如，绿满窗前草不除。读书之乐乐无穷，瑶琴一曲来熏风。读书之乐乐陶陶，起弄明月霜天高。读书之乐何处寻，数点梅花天地心。（节选自翁森《四时读书乐》）

127

该硬时还得硬

成鹰这段时间表现不错，同学关系也处理得比较好，很多老师都说这孩子像变了个人。虽然太多的东西弄不懂，但那种向上求进的欲望明显表露出来了，晚自习一周补四节英语，三节数学，一节物理，还经常主动去问老师。

如果不让他回家去体验体验那一段时间，也许他暂时还不能明白这些事情。他去学开馆子，也学着去谈生意，还跑来跑去到处面试……然后发现：过早进入社会不利，现在还是要读点书进去，充实自己，于是写下了读书节里《读书吧，不会再空虚》的感慨。

对学生的教育要因人而异。但面对已经想向上且有行动的学生，不可求全责备，但更不可全顺其意，该硬时一定要硬。就像今天晚上，他父亲过来了，成鹰事先跟我讲，他今天想出去一下。他心想他这段时间表现这么好，老师不会不给面子的。

在办公室，我问了一下理由，就说："我同意，但明天也不用再来了。这是个班级，允许有进出，但绝不可随意进出！这段时间你已经很不错，别一到星期五就想到双休。"

他说，"我明天早晨就回来！"

"那也不行！"

"那我就不出去了。"他转身到寝室去了。他父亲担心他跑，就跟过去。

我说，"放心，他不会的。"

今天星期五，很奇怪，我没有睡一节课，只是有点精神不好，原来自己也可以像平常人一样，上课不睡觉。

下午英语课学定语从句，老师讲的内容好难，想把我弄得头晕，但我没。用了一节多一点课，就全部弄懂了。这次考试，我一定不会像上次那样，至少语文一定要及格，其他科也努力地多得分，少拖点班级的后腿。（成鹰）

原则与灵活相结合叫变通。不能变通的就不可变通。

12月24日 星期六 阴

皮嘉欣、海雪获奖

今天是圣诞节的前夜——平安夜。

皮嘉欣参加中国体育总局举办的"航模"比赛，所参项目"四驱车模型组装"获国家二等奖。

海雪参加"中华新秀"湖南赛区歌手大赛获一等奖。

> 人人皆可为尧舜，个个都可成栋梁。

12月31日 星期六 阴

舍弃是为了更好地拥有

这段时间，可以讲不用老师说什么了，想读书的在读，不太想读书的也跟着读起来了。

今天等于没做事，除了晚上补了些英语。

终于有冬天的气息了，寒冷向我们扑过来，让我们感到好冷，没事，冬天来了，我们多穿点衣服就是。

明天元旦，是一个我很在乎的人的生日。我本打算请假的，但我想想，还是算了。

现在的高一10班的学习气氛很好，让人忍不住沉下心来！

加油，高一10班很不错。（成鹰）

【妙如回复】学会艺术地处理事情，本身就是一种学问。就像天气冷就多穿点衣服一样。当然，还有其他的解决办法。有时，舍弃是为了更好的拥有。聪明的你，终于作了明智的选择！

有点疏漏的新年礼物

新年的第一天，班上设计了一个名为"新年的礼物"的专刊，一展出，同学们看到自己的靓照，高兴之情溢于言表。我说，全班同学都有照片在上面。童济却说："只有我没有！"我不相信，说："编辑时两张有你。"他说没有，只有一张半边。听到他的话，我反思，编辑时就特别注意又注意，为何会出现这种状况？事情虽小，影响却大：学生会想，他在老师心里没地位，不然，怎会没我？

专刊是精致、美观的，可我的心里不仅仅只有歉意，我无意中伤害的是那颗渴望被认可、积极向上的心。育人无小事，此事当给自己敲警钟。

障碍就是少了交流

新年的第一天是在学校里面度过的。我爸爸并不是个好家长，只知道按他自己的思想去做，从来不理会我的感受，只知道去怪别人，这就是我们不可能好好在一起说话的原因。（成鹰）

【妙如回复】有时，我们也需要去理解家长。你想想看，你自己不说，有几个人知道你在想什么？你不说又怎能沟通呢？有时间与爸爸交流交流，也许你会有新的发现！

《千里走单骑》看了吗？一对关系紧张的父子，父亲因为一盘寻常录像带中的细节，千里迢迢跑到人生地不熟的丽江，一切皆为了还儿子的一桩心愿……

理解的含义不是只有索取，更应有奉献。

1月3日 星期二

那场景，令我感动

晚上查寝，走至生活老师门前看到一堆学生围着台灯在看书，我内心被深深地震撼了！这一群曾被称为"全集"之中的孩子，这些声称"读不进书""不想读书"的孩子，短短半年之后，他们竟同挤在一盏昏黄的台灯下用功学习！

我怀着感动的心情劝他们早点儿休息。他们说："我们已经与生活老师讲好，每天回寝室后再在这里'借光'看半个小时书。""因为发现有太多的不懂，即使看不进，翻一翻，心中也踏实一点。"

不管此举效果如何，我已经被他们感动！

我举起手中的相机，拍下了这珍贵的一幕。此中有：成鹰、凯沛、成靖、范典、游澳等七名同学。

当然，我没有忘记提醒：关键在课堂！

网上留言

◆家长：有点感动了，陶老师，您的心血没有白费！他们以前何时为考试紧张过？

◆xwy：期末啦，大家都在奋力备战，我们女生也是蹲在洗衣房、厕所、走廊或者老师办公室复习。感觉晚上精力充沛，甚至比白天还好，当然，白天我们也会抓紧的哦！

1月7日 星期六

人走心牵

开始放假，有的同学远隔千里，乘飞机；有的要坐十多个小时的火车；有的坐了火车还要坐两三个小时的汽车。

这一切只为求学。正如文铭同学所写：我热爱我美丽的家乡/我想回到我的家乡/但我不能/为了我的理想/我在离故乡很远的地方寻找方向。

这是一个学期的结束，也是三年高中的第一个学期，也就是已经过去了1/6个高中，可爱的同学，短短的假期，做好最适宜的安排。别太累着自己，也别太放纵自己。做得自己满意才行！在父母亲友面前乖一点，那可是愉快的源泉哟！

祝同学们一路平安！

学生一到家，就给我留言：

"陶老师！我已到家，请放心！"

"亲爱的陶老师：第一天放假，我就玩到 12 点多。哈哈！也该放松了！放假了，蛮开心！幸亏没放很久的假，要过年了，祝陶老师身体健康。哈哈！"

"陶老师，我刚刚才回到家。坐了一晚上的车，好累啊！呵呵！"

和谐是快乐的源泉。

1月13日 星期五

"脑不停情景小故事"收集活动

放假在家，学生很多时间都在网上，如果不出去的话，也实在没什么好做的。我想他们或许有兴趣记录以往的小故事，于是，1 月 10 日我在网上开了个"脑不停情境小故事"（原创）收集活动。

我将自己有点感触的一幕，起了兴：

我的电话

喂——有电话啦——我的电话呀——

"怎么啦？"

"没怎么！"

"没怎么，这个时候打电话，人都会吓死！"

"那你就不能死啦！我刚才突然心里很难受，我怕你和爸出什么事，就打个电话问一下。没事就好！我担心死了！"

"这样哟，我刚跟外公也打了电话，也和你一样，突然心里不舒服，就打过去了。你猜外公怎么说？"

"怎么说的？"

"今天又不是过节，怎么打电话来了呢！"

……

在网上一开，小故事一个一个贴了上来：李哲的《几根黄瓜》，袁潇《面对孩子》，苗曦《女孩走在外面那边》。随着故事的跟帖，学生兴趣浓起来。

1月14日 星期六

亦师亦友网上聊

◆李哲：气喘吁欲登楼顶，脚支坚劲，破万里行。推门而入且不停，忽闻闸断，落幕黑暗；孤自一人足难移，遥望星辰，瞎里摸灯；思友莫不同病连，独树烛光，电话摇铃。万籁俱寂亦所思。

◆妙如：好一个"遥望星辰，瞎里摸灯。思友莫不同病连，独树烛光，电话摇铃。"形态、情态、意境全出。"推门而入且不停，忽闻闸断，落幕黑暗"将"黑暗"二字改为"无声"是不是会更有意味？

◆李哲：无声！嗯，确实不错，重读一遍使语句更显连贯。重读几遍感觉语句变得更风味，嘿嘿！

不知道是生活选择了漂泊，还是漂泊选择了生活，听着那些忧伤的歌，坐在一个没有人察觉的角落，打开网络的门，把秘密一样一样藏进去，不是为了获得认同，也不是为了寻求同情，只是想把有些东西卸下，卸在一个没有人知道的角落，因为这个社会的人都越来越沉默，都只想把自己包裹得严严实实，也许只有这样，才没有人知道你的脆弱。

"无聊"，有时候会突然想这么个词，相信对我们而言它不再陌生，打记事开始，跟它打过交道的人数乘以次数已是个天文数字。所以我又在想啊、思啊之中，断断续续地度过了 N 小时的光阴。

对于现在的我们来说，无聊只是浪费时间的一种借口，待年高之日想找点时间来学习，发现自己老了，学东西不进。可是不学又不行，在矛盾中又忙却了又一个季节，想不通的事情太多，烦恼的事情太多，可日子还得过。即使有太多的无聊郁闷、伤心寂寞，想着自己一天到晚的生活有中说不出来的感觉，梦着自己以后的色彩生活，醒来后却不知道该怎么做。哎……

新的一年，短短的一个月都抓不住，何谈拥抱人生的闹钟！不过最重要的还是身体，同学老师们，愿你们在充实的生活之余度过一个欢乐无比的节日，新年快乐！

另外请记住：岁月年年有，佳节处处逢，人无再少年！

累了困了，还是睡觉吧，我晚上还有活动，拜拜！

◆妙如："这个社会的人都越来越沉默，都只想把自己包裹得严严实实，也许只有这样，才没有人知道你的脆弱。"不会吧！一个"都"字可是横扫了一切哟！岁月年年有，佳节处处逢。人无再年少，唯有精气神。狭路相逢勇者胜，鸿门宴上智存。遍看天下称雄事，豪爽大气度量宏。

◆李哲：舒服，在家的感觉就是好！昨晚上做了个梦，梦见地球在一声巨大的爆炸中消失了。很奇怪，嘿嘿——有味。一大早起来回想先前的奇梦，让我突然想到一个人，百余年来众人皆知的炸药大王——诺贝尔。很早以前他坚强的毅力，过人的才智令我佩服不已。从而在好奇的驱使下我买了一本关于他的传记。那时一有时间我便沉入他的世界，想了解更多关于他的故事。诺贝尔的一生很富有传奇色彩，对他的介绍我不多说，相信大家也知道。一生坎坷的他在科学界的诸多领域都有杰出的贡献，他还酷爱文学，在政治上也有独到的见解，他有很多篇日记写得非常不错，大家自己有时间可以翻阅一下（如今又翻出来回味了一下）。其中诺贝尔说了这一句极具震撼力的话："我希望我能造成一种东西或者机器，有极度可怕的破坏力，使一切战争不可能。"诺贝尔是一个和平主义者，为了他的理想，他在不停地努力。很多时候人的想法是美好的，可实施后的结果总是那么事与愿违。也许这就是事情的两面性吧，他不愿看到战争所以造出极具破坏力的武器来抵制战争。我们不否认他给世界做出了多么大的贡献，可是与此同时，以及之后的 N 年里，人们将他的发明，或者在他的基础上造就更为猛烈的武器投入了他最不想看到的战争，使侵略者的嚣张气焰一度高涨。是的，他靠他的发明成了当时欧洲最富有和最著名的人物之一，可是他的发明对环境和世界人民带来的灾难，他又如何能赔得起？这笔账又该怎么算？又何止几个钱的问题！因此拥有世人的评价——"死亡商人"的头衔。

想来想去有太多的东西想不明白，如同神秘的五彩地带。其实这或许也是自然界的发展规律，摸不着，不能说它错与对。历史在发展，人类在进步，无形中它又藏有什么玄机？

不早了，就说到这里，有些东西想说又不知道怎么说。

呵呵，老师也早点休息！有时间再来拜访。

◆妙如：刀可斫肉，亦可伤人；药能治病，也有毒性；火药能开山，也会制造流血事件；网络使人广阔视野，却也让许多人沉迷……万物运用，存乎一心。聪明的你，自会物尽其用，用于当用之处！

亦师亦友，轻松自然。

1月18日 星期三

假期学生在做什么

今天学生留言较多，看来假期里他们又有可喜的进步：

◆wb：陶老师好！同学们好。我已经很久没上网了，因为我这段时间在我家的矿山上，可以说劳动改造吧！很辛苦！因为那矿是我家的，快过年了没开工，我爸爸就把我一个人丢到山上。在上面别的都不算什么，就是一个人感觉特寂寞。虽然是在山上但我还是带了书和作业上去做，还带了很多小说，没事就看。日子过得也真快。一转眼一年又将要过去了，在这里我先祝老师们同学们新年快乐，还有我劝同学们在家一定要听家长的话哦。

◆R.C：苦口良药！放假的前一个月，我妈妈问我要不要去创造巅峰学习状态训练营，是董进宇博士主讲，3天2夜。当时我不想去，但怕妈妈不高兴。放假几天后，妈妈突然告诉我要我去训练，我愣住了……

我被逼上梁山……到那里一看，有初中、高中的，也有来阳、长沙、衡阳的，我还发现了3个我们学校的同学。我开始以为就是讲讲课而已，但没想到好戏还在后头！

第一天，大家都不认识，可博士的助理"杀人犯"要我们每个小舰队的人互相拥抱，介绍自己的姓名、学校、地区。每个组都有四五个女生，大家都面红耳赤地不动，没人打破这个尴尬的场面。最后我这个被他们"点将"出来的舰长来开头抱……我和11个同学拥抱了，然后每个人主动地拥抱别人，我想当时肯定有不少人超级地不好意思，包括我。后来就是董进宇博士主讲了，第一天就搞到凌晨1点多，累死人了。

第二天，大家都放开了点，但每次小组讨论是都要舰长先说，同样的步骤：名字、学校、地区。内容有：我的20个优点、20件精彩的事、20件父母为你做的事（感人的事）、20个梦想等等。当然不是一上午就搞定这么多。晚上是情感训练，跟我们讲了一些人的感人故事，催人泪下，让我们大声地说："妈，我爱你！爸，我爱你！妈，我对不起你！爸，我对不起你……"晚上，董博士要给我们的爸妈讲课，所以晚上我们就在狂欢了！我们歌唱，我们跳舞，我们的疯狂无人能敌，大家的心都沸腾了……

第三天，董博士要我们学会学习，怎么样学习才学得好，还要我们每天大声地读《唤醒爱心》，是奥格·曼狄诺写的。要我们大声地朗读：我是最好的！我是最棒的！我喜欢我自己！我爱我自己！董进宇博士要我们激发自己的潜能，说我们的潜能是无限的，还告诉我们一个人不爱自己就无法爱别人，人只有先爱自己才能爱别人。成功者遇到挫折，他们不会改变目标，他们不自我否定，他们改变方法；失败者遇到挫折，他们改变目标，他们自我否定，他们不改变方法。三天就这样过去了，时间是有限的，友谊是长久的，我们成长，我们快乐，我们高兴，我们痛哭。

我们的作息时间太紧张了！8：00—8：30起床，8：30—9：00吃饭，9：00—12：00上课，12：00—13：00午饭，13：00—14：00科学催眠，14：00—18：00上课，18：00—19：00晚饭，19：00—23：00上课。如此紧张的作息时间，我都快受不了了！在那里面最缺的不是钱、玩，而是睡眠时间不够。加上上课时间长，空气不好，我生病了！但在那里面，我被洗脑了，所有的人都被洗脑了！都清楚了自己该怎么做了！都知道，我们对不起我们的母亲！

这就是我16~18号的生活！

【妙如回复】不虚此行！祝贺你及你的战友！痛并快乐着，这就是人生！

让爱智慧

1月19日 星期四

快乐无处不在

◆高凡：这么用功，给我加压啊！我可在家什么都没怎么做，真的打击我啊！算了，大家加油啊。

在家里虚度我的宝贵时光，我觉得在学校还有意思些，虽然在学校没有什么特别让我激动的时候，都是一些小快乐，可是小快乐多了就天天都在快乐中了。在家里天天没事做，也没有什么学习的感觉。

有时就算快乐摆在面前，也不知道怎么去享受。爸爸回来过年，心里开心，可是没人听我说！有了新球鞋可是没人踢球。有时说快乐可以争取，可是一个人时争取总是显得太无力……

老师在家过得开心吗？女儿回来了吗？她回来了您一定会开心，她在家每天也一定可以吃到您做的美味饭菜。

快过年了，也快返校了！

【妙如回复】女儿14号回来的，感觉确实不错，懂事了许多！我问她回家的感觉：是主人还是客？她反问我：你说呢？我笑她说：你们读书是上班，回家是出差！

如果是问你，你怎样回答？

一个人的乐，怎样制造呢？看书，散步，看风景，画漫画，写小说，做实验，做社会调查……风景到处都有，快乐无处不在，都在充实的生活中……

1月22日 星期天

疼痛指数

◆R.C：经过这次的大洗脑，我知道了天下所有的母亲在生下我们时，那种疼痛指数为8，断一个手指头就上2的疼痛指数，所以我们现在要孝敬我们的父母！

电话早拜年

放假已经18天，虽然时有网上留言，但还是有点牵挂，今天特意给每位同学家里打了问候电话。

问候班上所有同学：假日可好？玩得爽不爽，要玩，就得快哟，马上又要开学啦！

问候所有同学的家长：衷心祝愿你们身体健康，家家幸福！

借此，向所有关心我及家人和我们关心的朋友们拜年，祝你们越过越潇洒！

◆晓波：陶老师您好！首先谢谢您对我们全班同学的关心和问候。在此我也祝老师和同学们身体健康，平平安安，快快乐乐。昨天老师给我打电话时我正好有事，不在家里。当我回到家，听妈妈说您给我打电话问候我时，我觉得很感动。因为长这么大，只有老师打电话到我家来告状的。像这样关心我的，您是第一人。陶老师，我会一辈子记住您的。您是我遇到的最好的老师。谢谢您！

◆妙如：你很幸福，老师都在乎你！其实告状和问候都是一种关爱，只是表达的方式不同而已。该直言时就得不讳，这样才是益友良师，你说是吗？

◆晓波：嗯，可能是我那时候还太小，不懂得那是老师对我们的另一种爱吧。谢谢老师的指导。我现在很幸福，谢谢老师的关怀。

◆文铭：谢谢老师如此关心，我在家里很好。现在在这里给您拜个早年啦。

◆凯沛：亲爱的陶老师，我也很好，谢谢老师的关心。祝您身体健康，新年快乐。

◆游澳家长：尊敬的陶老师新年好！在新年来临之际，我谨代表我全家向陶老师全家拜年，祝您全家幸福，合家欢乐，万事如意。借此感谢您对我孩子游澳的关爱和帮助，小孩各方面都有很大的进步，作为家长我们衷心感谢您。

今天过年，家长、学生问候电话不断。虽然很忙但确实很高兴！女儿少玉和她爸在一旁笑说：蜜糖吃多了，也会酸的！

新年钟声尚未敲响，我的邮箱、我的网页邮件及留言频添。学生和我约定，新年钟声敲响之际，无论是谁都在电脑旁同进我的网站，齐祝"身体健康，万家同乐！"

让爱智慧

2月1日 星期三

看电视，也是一种学习

在征订报刊的季节，学生说：我们只想了解外面的情况，所以想订球类、军事类等一些刊物和报纸。这是进取的有想法的学生的需求。

在住所越来越封闭、人们除工作外的交往越来越少的今日，看电视无疑也成为一种生活的需求。

看电视，就是看形象化了的书，开机应就有益。

看哪个台、看何种节目，视各人喜好而选。

以前，我看电视至少交替看两三个台，原因是耐心不够，且能看电视的时间也不多。

现在，我会等播广告的时候去换台，但我发现，一个台播广告，其他台也相继着播。其实，只要用心，看看广告也能学到不少东西。

我看电视如同看书一样，什么台都看，什么节目都看：武打的、侦破的、战争的、传记的。看过的电视剧也不少，早期看过的还能说出个子丑寅卯的恐怕就只有几部了。

以前，看过《DA师》，这次假期又看了《沙场点兵》，我觉得几年前看的《DA师》要比《沙场点兵》感觉好多了。《沙场点兵》搬出了三国之法、孙子兵法、国外先进技术，目的是熔古今一体、中外一炉。想法很好，但最后给人的感觉还是两方面指挥员的对阵，总觉得神韵稍逊。

上班时间，每天中午我会边看电视边休息，基本上就是看一些电视杂志和综艺性的益智节目。

电视，空余时间看看，也是一种学习。

第五章

2 月 6 日—2 月 28 日

古之畜天下者，无欲而天下足，无为而万物化，渊静而百姓定。《记》曰："通于一而万事毕，无心得而鬼神服。"

——《庄子·天地》

2月6日 星期一 阴

省事的法则

2月8日开学，学生将从遥远的地方赶来，天寒地冻，为了不让他们丢三落四，我在网上发了一则消息。

春季开学时间：

报到：2月8日一天。

正式上课：2月9日起。

2月8日学校校车在南站、火车站接。

学杂费：（略）。

同学们需要带来的：寒假作业、学生手册（家长签字）、校服。

同学们不能带来的：长发、卷发、首饰、零食等，校门口设有检查，不合格不准许进校门。

为了省事，请按标准办事。

衷心祝愿：新的学期，同学们上新的台阶！

祝家长、同学们一路平安，万事顺心！

简单的法则就是遵守规则。

2月8日 星期三 雨

风调雨顺

开学，有风有雨还有阵阵寒意。教室、办公室、寝室却是春风拂面，笑意萦回。报到、领书，同学互相帮助很快就搞定了。滚动制，学生在低层次班的，成绩若提升了，可以跳到高层次班。两个能进一层次的同学说自己基础不好，读完高一再说。

第一节晚自习，我宣布班级管理依旧实行"自主管理"再加"班长负责制"。

143

同学们选出了班长、团支书，然后由班长、支书组织选其他班干部，再由班长组织进行入学教育。相信这些同学推选出来的干部带头作用大、服务意识强、有创新意识，会团结全体同学一道超"小康"。

第二节晚自习，学生写下了新学期第一篇交流日记。

今天的天气，老师说是风调雨顺，要风有风，要雨有雨，是个好兆头。新的起点，就是要以上学期最好的成绩作为起点！新的目标，这个学期要争取进年级上等成绩！新的气象，与大家一起努力把10班做得更好！（文铭）

刚才的班干部选举，心不甘、情不愿地被推选当卫生委员。当也当了，没有把工作做好是没得改的，就尽责任当好这个卫生委员吧！第一个学期期末的考试，我相对初中升高中的成绩排名前进了100多个名次，我要以这为起点，再往上努力地冲……（范典）

今天又回到了这所"冰冷"的学校，四周温度很低且常年被树木包围，因此显得峭寒而娇贵。悠闲地在寝室悄然度过了一个下午，气氛虽轻松，但也有无形的推动力，大家是否都在补课……真努力？当然！这次寒假我也想了许多，既然父母有希望，我们就要实现这个希望。这么远、这么偏僻的学校，要玩干吗来这？专心学习，为了飞得更高，更自由！（金昭锡）

好的开头是成功的一半，关键在制定好学习计划。

2月9日 星期四 雨夹雪

海纳百川

上午，教学主管带来了一名"老新生"随风，所谓"老"，他是上学期在校生，因这样或那样的原因回家了。但学生、家长都特别希望在这里读书。他的到来又给班上同学一些刺激，学生在日记中说：我们班真的是"海纳百川"呀！

让爱智慧

今天在10班上课，纪律蛮好的，感觉还不错！只是找不到×班的那种熟悉的感觉；一切都很陌生……希望到10班来能提高自己的自觉性，搞好成绩！（随风）

2月10日 星期五 雨

他们在冲突中提高

觉得学校的假期越放越少了，真是好不爽。学这么久，人总会分心啊！学久了会累，不学也会累。（范典）

回过头看一看，寒假一转眼就过去了，时光如流水一般，快得根本让人无法抓住。

今天是上课的第一天，感觉比上学期好多了，不知道是心理原因还是什么。这个学期是至关重要的，要会考，还要分科。争取能分到一、二层次的班，这不是一句话就能办到的，我要加倍用功，本来底子比别人薄，再不用功就会更差。

现在每过去一天，就是离高考又近了一天。妈妈说：现在不比以前，没过硬的知识随时会被淘汰，我们不能养你一辈子，以后的路靠你自己走下去。

人的一生说长也不长，说短也不短，春夏秋冬一下就过去了。

可能今天在下着烦躁的雨吧，心情有点不好……（金岭）

新生新感觉

这是上学的第二天。不知道为什么在这所学校上课很轻松，也许大城市的学校就应该是这样。今天还是下着蒙蒙细雨，我平时最不喜欢下雨了，下雨，感觉就很烦，好像做什么事都很麻烦。

今天，放学后和几个同学一起去洗澡，一进浴室热气腾腾，这可是我第一次在学校洗澡，说实话，感觉蛮好的。

想起今天的晚饭可就烦了，全部是我不喜欢吃的菜！（慕华）

【妙如回复】你两天就适应了寝室、教室、同学，适应能力很强嘛！

至于那雨天、那菜……我想你会很快适应的!

学习要有目标:赶上或超过班上最好的!

不能辜负爸爸的笑脸

天空是灰蒙蒙的,带有一点小雨,还时不时下点小冰粒。心情也是灰蒙蒙的,也许是回到家久了的缘故,这次回学校,心里竟对家生活多有眷恋之情,想奶奶的呵护,想爷爷的唠叨,在家觉得爷爷变得那么啰唆,回到学校,听不见对我关心的啰唆,又觉得生活中少了重要的一块。想爸爸想妈妈,最想最想的还是姐姐,姐姐在外地上大学,平时就算我放假也难得见她一面,上次国庆放假她也没回家,这次回家两人呆在一起二十多天,用形影不离来形容也不为过。

今天中午,寝室里安静得出奇,半天都睡不着的我,一种寂寞在心里油然而生,眼泪也顺着脸颊流了下来。冰冷的床单、被套,回去一个月从来没有碰到过如此安静的中午,想家的念头达到最高峰,恨不得马上起床回家。

这种思家的念头没影响到学习,今天一天的课还上得蛮好的,笔记也做得不错,傍晚打电话回去,眼泪差点流了下来了。报到时见到这么高的学费,已下定决心,要好好念一个学期,绝对不能辜负爸爸的一张笑脸。(皮杰)

家就是离开了就想的地方。

黄金未是宝,学高胜珍珠

昨晚,在床上翻来覆去。今天是星期四,蛮郁闷的。想想昨天还在家里,在暖暖的房子里,无忧无虑地享受着假期生活。并不是不想读书,只是觉得早了点,仿佛美好的时光总是短暂的。转眼间又将迎来半年的辛苦生活,真不知读书是为了什么!难道仅仅是为了在社会中博取一席生存之地?知识的力量越来越被忽略了,应试教育所引发的问题!哎,不想说了……(雷一正)

【妙如回复】学生不想说了,我倒想说:"知识的力量越来越被忽略了"这种说法与现实不符!社会上流传着这样的论调是因为说这些话的人们,认识上达不到高度,目光看不到信息时代以知识作为基础将经济推向高峰的浪潮!知识是能力的营养,能力靠知识来支撑。知识不是没用,而是不可缺少!正如王梵志所言,"黄金未是宝,学高胜珍珠。"

应试能力的培养是素质教育的重要部分,试想:一个应试能力很差的人,你能说他综合素质很高吗？当然，为了培养应试能力而不得已为之的应试教育是有许多地方需要改进的。所有的老师们都在思考，积极想办法，而相对你们而言，只有努力适应现行的教育制度，才有可能进一步认识它、改进它！你说呢？

> 读书已过五千卷，此墨足支三十年。（袁牧）

这和没教又有什么区别

晚上，辰辰家长在网上留言，要和我探讨老师、孩子、家长三者之间的关系，同时还很委婉却又很尖锐地提出了对小孩成绩差的担忧。家长说：

16 岁的大孩子了，已经不是几年前我们叫他怎样就怎样的孩子了，他已经可以用他那不成熟的思维看问题、左右自己的行为了。在这样的年龄阶段，如何引导好他是我现在面临的最大难题。

孩子在学校，我们把希望都寄托在老师的肩上，其实这也是家长的无奈和错误的想法，但又是普遍的。现在实行素质教育，可孩子的成绩也是非常重要的，无论读哪所学校还是上大学、评职称、出国留学等等，在孩子的成长路上都是要看孩子的成绩，所以成绩就是他们的唯一奋斗目标。孩子一个学期下来有的科目只有二三十分，我就在想他这一学期这一科学到了什么？还有必要再学这科吗？这科的老师会关心这个孩子吗？如果关心的话，又怎么可能一学期完才二三十分呢？这和没教又有什么区别呢？

家长的质问掷地有声，我们虽问心无愧，却无言以对。是呀，关心了怎么就不见提高呢？你的关心让孩子接受了吗？孩子有兴趣学习了吗？孩子主动起来了吗？孩子努力了吗？有些学生严重偏科，有办法解决吗？学生基础很差，想办法补上来了吗？这些问题都会在脑中反复出现。

学习是必须要促进提高的。在领导的指导下，我与老师、同学们一起商定：对学习有困难的学生实行"导师制"辅导。即每一个教师负责跟踪辅导 2～3 名学生，定期落实学习任务。"导师"除本学科的补基任务外，还需要督促其他科目的学习，当然还有生活方面的关照等。

> 没有教不好的学生，只有不好的教育方法。

心中有佛，眼里有佛

学生日记里时有这样的话："这样的人在我们班里真的是拖了后腿"，"寝室里有他难评到优秀寝室"。看别人不顺眼，也是一种自视过高的心理。空洞的说教也没什么作用，他们道理懂得比你还多。针对这种细微心理，我在语文课上插讲了"心中有佛，眼里有佛"的故事：

一日苏东坡又和佛印在一块儿说禅。东坡问佛印：你看我像什么？佛印看看说：我看你，就像看到了佛主！东坡高兴起来。佛印问东坡：你看我像什么？苏东坡回答说，看到你，就像看到一堆牛屎！佛印微笑不语。

东坡高兴极了，回家对他妹妹说他今天赢了佛印！

当苏小妹知道了事情的原委之后，笑他说，你输了，输得比平时还惨！你看到佛印是一堆牛屎，是因为你心里想的都是牛屎一样的东西。而佛印看到你是一尊佛，是因为佛印心中有佛。

你心中有什么，你看到的就是什么，最后得到的也就是什么。

快乐的源泉是善良和宽容。

网上留言

◆家长：学校把学生分成三个层次是为了更好地提高和帮助差生，还是怕影响好生？我怕伤了孩子的自尊心！

◆妙如：纵观学生整体的学习情况，厌学情绪有增无减，为什么？没有因材施教。

因材施教，效果大不同。就如一个学生在交流中所说："一眨眼一周就过去了，同学们都进入了良好的学习状态，这种状态是我原来不曾见过的。这种情况让我感到十分的惊奇：第三层次班级的同学也这么发奋！特别是我原来的一个同学，原本上课很不认真的她，现在竟然变成了不懂就问的好学生了。我希望我也能这样去学习。"

元宵节心情面面观

今天是元宵节，下午老师带我们到湖边去游玩，让我们全班同学都放松一下。

走出校门，一下子就被这美丽的风景吸引了，特别是当我走到桥上时，向下看，一潭清澈的湖水，就像一面大镜子一样，倒映在湖中的山显得更美了，一点微风就能让湖水惊起波澜。向上看，天空是多么的蓝，蓝得让你忘记所有的烦恼与不快。

散完步回到学校后感觉有点累，因为很久没有走这么远的路了，但心中还是很高兴。

祝老师元宵节快乐！（晓波）

今天很高兴，希望以后会有更多这样的日子。

今天，第一次在学校感觉到有过节的气氛，我过得很开心。真的，这节没白过。

下午出去玩得很开心，心情平静不下来，今天是团圆的日子，"每逢佳节倍思亲"……

为了梦想，放弃团圆；为了梦想，放弃自由……

祝关心我的人和我关心的人节日快乐！（高凡）

这几天身体不是很好，所以我得出个结论——"人不要过得太舒服"。因为我在家吹了一个晚上的空调，结果扁桃体就发炎了。

得病真是不爽，讲话喉咙痛，咳嗽也痛，就连吃东西都痛，这个代价真是太大了。就像种在温室里的花，享受惯了良好的生活环境，遇到一点点小的风浪就可能让它一命呜呼啊！

还是那墙角的小草好啊！吸收着天地的灵气，遇到困难也不弯腰，这样才能成为社会中的强者。所以过得太舒服的人可能会被自己所在的良好环境搞得"百病缠身"！（敏纯）

元宵佳节，团圆之际。教室里静静的，窗外传来阵阵烟花爆竹声，学校里却毫无节日之象。

听着传来的爆竹声，心中波澜起伏，爸妈在家过得怎么样？哎！真想和爸妈一起过节。

醒醒吧！现在是紧张的学习时刻，应该抓紧时间学习才对，现在牺牲一天，以后可以换来更多的幸福，只有读好书将来才会生活得更好，现在别把时间浪费在痴心妄想里，应该把握现实，为自己这艘正在"黑暗困苦"之海上驶向光明美好的航船撑好舵。（希丞）

成鹰早上跟我说，他有个好朋友想到这里来读书，要到我们班，他保证不会给我添麻烦。下午教学主管说这个小孩已有8000个小时网上纪录，初三第二学期开始就没读几天书。高一第一学期也没上课，这个学期跟读不上就留级，问我愿不愿意接受。我笑答：服从安排！

你可以自己做主，但要学会自食其力

网上留言

◆凯沛家长：致凯沛——从今年生日的那天起，我已经不把你当小孩看待了，你已经慢慢地要成为一个必须负责、必须承担义务的成年人，所以我已经放手给你，由你自己安排未来。

你的学习目标是上学期定下来的，一个学期过去了，结果自己知道。我不希望"明日复明日"，任何有关"明日"的借口都是懒惰的表现。只要勤奋就有收获，自己好好总结一下好的科目和差的科目的学习状况。

语言类科目没有更多的学习技巧，就是下功夫反复记忆、反复复习，没有投机取巧的方法。理科类科目，必须理解掌握，加上反复的习题练习才能学会运用，否则看似听懂了，考试就不行，这是典型的缺少练习的表现。说白了，还是要勤奋！

今后的打算，自己做主，你可以做自己喜欢的事情，但是要学会自食其力！

2月13日 星期一 晴

动静互补

成鹰的好朋友阳阳报到了，一个文雅、内向的男孩，面色较苍白，可能是长时间的网上"作业"所致。

"怎么想到要读书呢?"

"听成鹰讲这里很好。这里是封闭式管理,只有星期天下午才有半天休息。我不是很喜欢在外面玩,我能呆得下。"

这时,成鹰在一旁说:"您放心,有我,他没问题。"

好的,相信好朋友会相互支持的。我心中想:一静一动正好互补。要淡化网瘾就借用友谊这个资源吧!

得剑乍如添健仆,亡书久似失良朋。(司空图)

2月14日 星期二 晴

学习兴趣不浓该咋办

这几天,我将几个阅读、作文教学设计发到了网上,收到了原来同事的留言:

看了你写的教案,仿佛又回到了你的身边,听到了你给我的教学指导。现在我发现学生普遍学习兴趣不浓,你说该咋办?

【妙如回复】兴趣不浓是导致教学效果不好的关键,而导致学生兴趣不浓的关键是教师。

登山则情满于山,临海则意溢于海;要想学生有兴趣,先要自己有兴趣。

再想一想:学生对什么感兴趣?

再找一找:教材、教师、学生兴趣可能产生的结合点。

成靖的爸爸留言说得好:从自我不是给定的这一观点出发,我想只有一种可行的结果,我们必须把自己创造成艺术品。

剪头发的故事

昨天，2月14日，情人节。星期二，下午教研组进行教研活动，正在听取安排中，手机振动提醒我来了短信。我没打开看，在开会，这是习惯。

散会，我看信息："陶主任：你班学生的长发务请监督在今天剪完，要辛苦你了。"

长头发？仪表初检那天学生处不是说我班都合格吗？

我回了领导："德育办检查说我们都合格。"

"网上都已经公布几天了。"领导短信又来了。

我打开公告栏：

学生仪表检查情况通报

2月10日早自习，学生处对学生进行了仪表检查，检查情况通报如下：

高一10班12名学生留长发，座次如下：（略）。

以上检查情况，请班主任在下周星期三以前督促学生进行整改，学校将进行复查，复查结果纳入班级考核。

学生处
2月11日

任务紧急，12位"将军"，我迅速打印了一份到教室。已经下课，学生返回了教室，我说明了意思，学生出奇的听话，笑嘻嘻的，一窝蜂往学校理发室跑。我很欣慰，欣慰的是他们学会了理解。我也有怀疑，怀疑的是，如此个性鲜明的男孩真的能这么快改变自己？我也有担心：我怕他们一起剪个光头！

从来都很相信他们的，可今天我还是跟到了理发室，还在门口，我听到了：剪掉，剪掉，别让老师为难！我看到了：成鹰一个头已经推了一半，幸好推的是个平头！

旁边有两个在看，那模样分明告诉我，先看看再说。更多的是在相互剪发：每个头都是一件艺术珍品，他们对着镜子摸摸颈看看顶，用剪刀左比划右试试，生怕多剪了一厘厘一毫毫。一剪刀下去，掉下来几根，还不断地问：可以了吧？我保证能过关！还有一个似自言自语：我的头发从来都不在外面剪的，我打电话要妈妈接我出去剪……

一个平头剪完了，晓波坐了上去，我和师傅交流：可否留长一点，剪那种小披发或大平头……

剪完三个平头，又有一个坐上了理发椅。说真的，爱美是没错的，留得有点个性也是我希望的，但学校要求又不能不遵守的，于是我建议师傅只修弯眉发，只推鬓角发，只剪耳下发。

又有两个完成了，剩下几个平时特不错的干部，说什么自己剪。

我当时想法很多，但只说了一句话：连自己的头发都征服不了，以后还想有大发展？

后来也许是他们看到整理这三处有小损无大伤，也就坐着推了、剪了……

对那位自言自语的学生，我的要求是：做好了进教室。

一切完毕，我发了条短信汇报：长发已理，谢谢提醒！

晚自习时间我又收到提醒，有漏网之鱼：游澳、海雪！

第二天早晨，理发店没开门，这两位同学只好在我那借剪刀剪了……

那朵乌云散了，头发剪了很多，好短，算了，剪都剪了，还在乎什么？学习才更重要，像个乖小孩才好。今天也是情人节，呵，好像与我没任何关系啊！嘘，安心看书吧！顺其自然，才是最美的！（范典）

今天剃了个"球头"感觉挺飘逸的，但是我个人认为这个统一规划的方式在学校行不通。要是每个学生都剃一样的平头，穿一样的校服，吃一样的饭，睡一样的姿势，读一样的书，那这个学校不就是个专门生产考生的流水线工作的工厂吗？在这种环境下任何人的角都会被磨平，任何人的个性都会被磨灭，学生只能像机器一样地读书、读书。

剃头是小事，但是学校如果能从细节方面培养人的个性，我相信学校将会更好。（童济）

网上留言

◆一家长：我觉得班主任这网志写得不错，让我们能了解孩子在学校的情况，希望能在所有班主任中推广，多写学生在学校经历的事情，让更多家长了解孩子的学校生活。

分层特点与小班优势

先前有家长留言："学校把学生分成三个层次是为了更好地提高和帮助差生，还是怕影响好生？我怕伤了孩子的自尊心。"因当时没有详加回答，现将做法缘由叙述如下：

分层特点主要在：便于任务落实，学生尽显扬长，且能各取所需。小班优势体现在：课堂反馈迅速，求异发展空间大，有利全员提升。

实验班产生差生，是老师把学生全当优生教；基础较差学生很难提高，是老师把学生全当差生教。这是每个学校都存在的问题。出现这个问题有观念的、方法的、态度的原因，但关键还在观念。

观念不变随你怎样变都玩不转。

根据学生基础，分进不同层次学习，一个阶段后（一般是一个学期），成绩大幅度提高可以向他达到的层次滚动；反之在上一层次不努力的就要下到相应层次。

也许有人会说，这样打击了孩子的自尊心。我想这种想法是有道理的，但我们设想一下：让他整天无所事事好，还是让他实实在在学点东西进去好？让他以后去承受更严重的打击好，还是现在让他清醒、有勇气正视自己的不足急起直追好？

物竞天择，强者生存！

也希望家长们了解自己的孩子，让他在合适的空间里成长！

网上留言

◆随风的家长：开学一周多了，随风的表现如何？以前这孩子没少让人操心，现在到了10班希望有新的改变。拜托老师多督促他一点。

◆妙如：这几天表现还不错，他多次在交流中提到以前让父母多操心了，以后他会表现好点的。多予鼓励！

仁治天下——管理者的法则

学生学习的情绪还比较好。如何让他们在保持好的情绪、提高学习效果的同时，获得一些管理上的智慧，也是我教学中尝试的课题。譬如，在教学鲁迅称之为"西汉鸿文"的《过秦论》一课时，我就设计了这样几个板块来引发学生思维。

第一板块：历史的天空
我展示春秋战国诸侯争霸图，边看图边分析。
1. 春秋战国，群雄争霸，战乱纷争。争地以战，杀人盈野；争城以战，杀人盈城。春秋五霸、战国七雄分别鼎足而立。
2. 秦国变法兴盛，六国合纵抗秦，天下大事分久必合。
3. 秦始皇灭六国，统一天下，始称帝。
4. 陈胜起义，秦朝二世亡，为什么？

第二板块：政治家的结论
学生迅速浏览课文，找出"为什么"，用一句话概括。
学生通过读文、交流标出了"仁义不施而攻守之势异也"之句。

第三板块：文学家的分析
文章是怎样写攻怎样写守的呢？仁义又从哪里体现？在治理上有什么特色？
我让学生根据注释读议秦孝公一节，学生读得起劲，议得更有意思。有学生说，秦孝公的治理采用了"外树形象，内练功夫"的做法。
在学生讨论的基础上我们梳理出：
成功管理者的特质：有雄心、有气势、有魄力、有凝聚力，还要有超人的远见和超强的策划、控制能力。一个"席卷……"排比句尽现秦虎视眈眈的情态、咄咄逼人的气势，凸现出秦孝公的政治雄心；"固守"二字暗示出君臣上下一心、恪尽职守，凸现出秦孝公的凝聚力和控制能力，同时也暗示他是仁义的。"内立""外连"使秦"拱手而取西河之外"，显示出秦孝公超人的远见和超强的策划能力。
学生用第一节的方法去学习第二节，找出"惠文、武、昭襄、孝文、庄襄五位国君"的管理策略，在启示里，在讨论中他们归纳出：第一，懂得继承。第二，勇敢面对挑战。

写诸侯人之众、将之广、心之齐、谋之深、志之坚，秦最终无费一矢一镞，而致"诸侯已困"。隐约写出的发展是有赖"仁义"之策的。

第四板块：我们的推断
秦始皇是怎样治理的？他该怎样治理？

如此，这篇"古今第一盛气文章"在学生饶有兴趣的层层解剖中，露出了"仁义治天下"的要旨。而学生在这解剖的过程也明白了管理者应具备的素质。

借鉴是一种智慧。

2月19日 星期日 晴

外出迟归记

开学第二天，体育老师告知学生第一个月将举行足球比赛。学生在日记中就流露：一定要踢赢！于是他们自己组队、布局、商量阵容……

今天上午班长跟我说，下午他要和另一个同学一道去买足球服和鞋。他还说：首场11人的钱都收齐了，都是自己愿意的。统一服装有气势得多。

我答应了。

18：30，学生电话：因堵车要请一会儿假。

18：33，家长电话：吃晚饭来不及了，请一会儿假！

18：35，我到教室。

18：42，家长电话：不好意思，小孩要请一会儿假。

18：50，上课铃响。教室除四个请了会儿假的外，还有四个未到，其中包括买足球服的几个。这些学生，均是家长接出去的，或玩或吃或购物……

18：58，买服装的回来了。衣服红白相间，倒还大方，难得的是衣服上还印了号码。他们并未意识到已经迟到，只是有着得偿所愿的惬意。

也许一个月只准出去一次，他们很珍惜；也许确实下午往回赶的同学太多，因而乘车困难。

让爱智慧

但是，让学生养成随意、不守时的习惯，后果是什么？

纪律是成功的保证。

与家长们聊聊

网上留言

◆慕华的家长：慕华近段怎样，学习自觉性高不高，比入学时有没提高？

◆妙如：适应些了，比较认真，其他要看效果！

◆高凡妈妈：不知安·兰德的《源泉》这样的书该不该推荐给孩子看。

◆妙如：有时间什么书都可读！只要有利于孩子的健康成长！

书法家练字一般是首先描红，然后临摹，再默帖，再创新。于是王羲之写就了天下第一行书，后人难以逾越，但书家仍不曾止步。读书教书也一样，虽难望孔夫子之项背，但买书、读书、懂书、出书的人越来越多。教师为教读书，涉猎太单一是不可能真正明白教书的含义的。

一个教师要读的书须为百科全书。首先精深专业，然后博采广集，接着融会贯通，最后形成自己。

我看书太杂，知道的也只是些皮毛，但在不断弥补中。

◆符丹妈妈：符丹的学习和成长令人担忧，回家的表现一点也不好，作业一点都没做。和同学之间的交往很复杂，我好怕哪一天会出事。

◆妙如："儿走千里娘牵挂"这话一点都不错，但是母亲心紧儿更紧，你不轻松他怎轻松。你放心好了，别一天到晚担心，你也有自己的生活，过度的担心只会给孩子和你都造成过大的压力和负担。安心你的工作，没什么问题。少给点零用钱，需要钱让他找我借，他一定会规范很多的。无钱难倒英雄汉！

留完言，我告诉符丹，从今天起，对他实行零用钱登记制，要用多少找我借。他吃惊异常，半天一个"啊"字才出口。

足球，爱你的人已"疯狂"——逃课记

"陶老师，10班有10个学生没来上音乐课。"今天下午第二节课，上课还不到3分钟，音乐老师就打来电话。

"哪些人？"我问道。

"班长没来，还有……"

"噢，我知道啦。"

"只有10个？"我又问，停了几秒我再说，"您先上课吧！"

不久又接到部门主任电话："你班音乐课有10个学生逃课！"

第七节阅读课，学生都在图书馆看书，一个不少，认认真真。

我也和学生一样，边看边做笔记。

下课铃一响，我开口了："请第六节在音乐教室上课的同学坐到这边来！我本计划第八节班团活动课组织踢足球的，已向学校申请并获得同意。既然大家逃课了，这节课就休整休整！我理解你们，可你们严重违纪了。是对是错，自己去思考。将前前后后所思所想做个介绍，也等于是为自己做个说明！不少于500字。"

20多分钟后他们陆续交来了"辩护稿"。我明白，他们是长大了的孩子，有了自己的思想，有了自己的追求，有了自己的判断与选择，还有了征服的欲望；但我更清楚，他们确实还是孩子，理智的堤防受不住感情的冲击，禁不住爱好的诱惑。当然，我相信他们绝大部分不会再出现类似的问题。

同时，我也在想：一天从早到晚上课，要节节课能让学生精神振奋，要堂堂课让学生认认真真，要让科科产生吸引力形成一个磁场，让学生愿意学、喜欢学，创造出"喜欢你，所以追随你"的氛围来，该怎样调整？面对视野越来越广，要求越来越高的学生，我们应怎样改变自己呢？

下面几段文章节选自他们的"辩护词"：

本来看人不多，就想去上音乐课，但是一想，音乐课实在太没劲了，每次都是放碟，上一次在音乐教室都快睡着了。一边是极具诱惑的东西，另一边是沉闷无趣的东西，心自然就飞向了诱惑的那边。

所以请老师原谅我们的行为，要处罚我们也没关系，让我为自己所犯下的过错付出一点代价。

我想，人可能就是在一点点的错误中成长起来的吧！（皮杰）

大家也许都为了班级荣誉所以才有这种想法，于是我们去了。

场上，还踢得挺尽兴，差不多忘了一切的东西，但事后还是要承担这种责任，没办法。毕竟是逃课，责任是肯定逃不掉的，本来还想第八节课申请再去练习一下，看来无疑泡汤了，虽然当初就知道事后的结果，但我们却"明知山有虎，偏向虎山行"。

也许我们的好胜心太强，太想得第一了吧！但我们所努力的方法的确有点过头，这样的努力方式注定只会带来失败，噢，不是或许，是肯定，就像是比赛前服用兴奋剂之类的行为，我们的胆子过于"大"了点吧！

我又昧着良心干了一件不该干的事，可是我干了，我们想为10班争光，也想为老师争气，却又违背了纪律。事物总存在着正反两面，做，会失去，不做，也许也会失去，或许在这争光的过程中我们又丢了脸。唉，真是难以取舍啊！（凯沛）

我很爱足球，也很爱音乐，当足球将成为班级比赛的项目时，我不得不放下陶冶情操的机会，去为班集体争得荣誉而拼搏，所以，请老师们原谅我！

班级荣誉与纪律，我们应做何选择呢？回头想一想，我们其实时间多的是，实在没必要用课堂时间去练球，因为临时抱佛脚也不是一件好事。练习，不在乎一朝一夕，而在于平常的努力，所以我们得多抽时间去练习。哦，我并不是说从上课中抽出时间，只要我们从课间聊天、休息中抽出时间来练的话，就成功了！

我从小就爱足球，一直渴望有个表现的机会，好不容易等到了大展身手的时候，所以忍不住去球场上先体验下那种带球过人、大力劲射以及胯下妙传的刺激！所以，再请老师们原谅我，这一切都为了班集体。

我知道我们错了！但是我们仍然希望有着宽容大量的老师、同学们，能给我们改过自新的机会！（随风）

学校条例清楚地写到：所有学生不得在上课时间或是午休时间打球，不得违反学校条例，如有违反，必定重罚。而我们却把这条要求抛诸脑后，陶主任您说得对，制度与规定是约束那些需要约束的人，而今天，我们成为了这种人。但是我保证，以后不会再当这类人，这不是我的作风，也不是10班人的作风，我恳请原谅。

陶老师，说句心里话，音乐课只是看碟、听流行歌曲，而且都是我们听得不听了的，所以才去踢球的，但我保证，以后会征求老师意见行事，而不是独来独往、我行我素，希望老师和同学们能原谅。（范典）

我想今天我们让音乐老师很失望，他不知道我们干什么去了，内心可能很难平衡。平时音乐老师看上去很平和、很友好，不爱说话。我们以为他会理解我们的行为，但作为老师都有他的自尊，当他看到学生连续两节不来上他的课，也许他发怒了。

我们必须为我们的行为付出代价，我们这样的无知和放肆，让我感到很惭愧，惭愧我们有这么和蔼的音乐老师却不懂得珍惜和尊重！我此时的感想就是：如果陶老师和音乐老师能原谅我这一次，一切将还是那么美好。（文铭）

认识到错才是关键

一个人犯错误，有时根本就不知道这是错误。学生犯了错误，在批评或处分之前务必给他们足够的申辩机会。学会聆听并设身处地为他们着想，想一想他们为什么会犯这个错误，我们自己是不是也有错，再寻求解决的办法。

晚自习，我和学生聊了很多：预备周的音乐课我们就有学生逃课（也是因为足球），任课老师、部门领导都对我讲了，但我没和大家讲，没提醒大家，这是老师的错。今天下午第五节课前，我进了教室，很想提醒，但还是没有。我就想看看同学们自我控制能力有多强！

第六节课，我接到电话后就知道你们在踢足球，到观礼台看了一下，没叫你们，理由很简单：当时把你们喊回来，我可能会不够冷静地处理；让你们进教室，会打破正常的教学秩序；我装着不知道，就想看你们有没有胆量主动、理直气壮地走到我面前。

想踢足球，想拿第一，这确实没错！不但没错，还值得大大表扬！如果与老师商量，争取一些训练时间，既不用逃课又练了球，是不是会令矛盾容易解决呢？遇事要用脑，方法不得当只会走进死胡同。

音乐既是一门课程，也是一门艺术。懂得音乐的人会懂得生活，他会知道：生活就如音乐，有舒缓，有高昂，有激越；音乐也如学习，有迷茫，有厌恶，也有亲切。

能够从音乐中感悟到这些，这个人就可走过平原，跨越江河，登上高山；能够从任何一种课中感受到这门课的奇特，这个人就可超越同辈，跻身贤者，成就大业！如果能发现老师之不足，积极思考，主动交流，师生共进，这个学生他日定可出类拔萃！

家长也可爱

网上留言

◆f 家长：打开网站，"足球，爱你的人要'疯狂'——逃课记"映入眼帘，这些同学为了足球比赛得第一名（理想），连逃课这么严重的错误都敢犯（事前可能想过不对，但还是做了），还有什么理由怀疑他们在比赛中不能取得好的成绩（包括学习成绩）呢？这10位同学，希望你们在比赛时，代表高一10班的全体同学，赛出水平，赛出风格！高一10班的同学，请在他们比赛的时候一定要为他们加油鼓劲！

◆家长：从学生的文章中看出他们太注重比赛的输赢，应该教育学生只要努力了，结果不重要。

◆凯沛家长：同学们的辩解也有正确的一面，喜欢的东西确实应该努力追求，荣誉也十分重要！

但是，如果仅仅因为自己的爱好，就忽视了纪律和制度，那不是没有起码的方圆了？为了荣誉而忽视纪律，那不是本身就在毁坏班级荣誉？解决矛盾的方法，还是要合理安排时间！

希望把这种努力和荣誉，也能够置于每科的学习——学生以成绩好为最好的荣誉，当然也不能缺少其他的爱好！

◆成靖家长：一群年轻人到处寻找快乐，但是却遇到了很多烦恼忧愁和痛苦。他们向老师苏格拉底询问，快乐到底在哪里？苏格拉底说："你还是先帮我造一条船吧！"这群年轻人暂时把寻找快乐的事儿放到一边，找来造船的工具，用了七七四十九天，锯倒一棵又高又大的树，挖空树心，造成了一条独木船。独木船下水了，年轻人把老师请上船，一边合力荡桨，一边齐声唱起歌来。苏格拉底说："快乐就是这样，它往往在你为着一个明确的目标忙得无暇顾及的时候突然来访。"

◆Chen 家长：看到孩子们的这些文章啊，我只有一个想法，就是这些孩子们真的太可爱了。他们为了班级的荣誉没有控制住自己做出了错误的选择，事后意识到自己所犯的错误造成的不良后果，能够勇于改正，就是好样的。我为10班有这样一帮孩子感到骄傲！10班有他们，10班又有这么多的好老师，10班一定会是最棒的。如果足球比赛我们家长能够看的话，我一定会来为10班呐喊助威的。

◆高凡：说实话，我对我的逃课行为感到庆幸，因为我在这十几天里，只有我逃课那天是晴天——这几天都在下雨，我都想把老天杀了。幸好我们那天逃了课，爽了一把。要不这几天怎么过？

2月24日　星期五　雨

苏洵二十七岁始发愤为学

近段时间的课程，给我造成了不小压力，英语课内我认真听，仔细地做笔记，对于一些单词我也强迫我自己施舍一些记忆力，但又有多少作用呢？当我盲目地听课做笔记时，我厌倦！烦了……因为我听不懂，做的笔记也相当于在一本精美的书上画一个硕大的问号。我也问过老师，老师的答复是："慢慢来，不要急，坚持下去……"坚持？想到坚持，我无力地放下手中的笔，望着黑板发呆。"坚持"，还有多少时间给我坚持呢？还有多少坎坷阻碍我的坚持，还有多少剩余的信念满足我坚持的欲望！

有时一些有利的客观因素提升了我对学习的激情，立马就安排了第八节课打球的时间作为复习主课的时间，或者星期天的下午把时间充当副科理解与总结的时间。但我的激情只能维持两三天，两三天过后，我的激情就好比在地球的两条回归线徘徊了一阵，又降落到南极点，激情就这样被冰冻了，人也就随之麻木、迷惘了……（慕华）

"心情怎么好得起来，以前基础太差，什么都没学进去，现在想学了，数学听不懂，英语听不懂，历史、地理、政治记了又忘了，你说心情能好吗？"这是本学期慕华因抽烟第二次被抓时两眼噙满着泪花说出的话。

"来校的第三天，发现抽烟，交流后有一段时间没抽了，今天怎么又抽了呢？"

"心情不好！"

"心情不好抽烟能解决问题吗？找老师聊聊，找同学讲讲——"

"老师能解决吗？"

"我以前……"

这是我听到黄主任和这位学生的一段对话。

【妙如回复】开始发奋的男孩，别气馁！苏洵二十七岁始发奋为学，继而举进士，又举茂才异等，皆不中。悉焚常所为文，闭户益读书，遂诵《六经》、百家之说，下笔顷刻数千言。至和、嘉祐间，与其二子苏轼、苏辙皆至京师，翰林学士欧阳修上其所书二十二篇，既出，士大夫争传之，一时学者竞效苏氏为文章。

兴趣是启蒙老师，坚强的意志才是伴你成功的大师！

"一日读十纸，一月读一箱"。合理分配时间，一科一科逐一落实是提高的捷径。

刘邦示弱坐天下——培养学生大气度

《史记》是我国历史学上一个划时代的标志，是一部"究天人之际，通古今之变，成一家之言"的伟大著作，是司马迁对我国民族文化特别是历史学方面的极其宝贵的贡献。《鸿门宴》又是《史记·项羽本纪》中拉开刘项成败的一个序幕。作为军事领袖，他们各施怎样的策略呢？

引导学生阅读全文看刘邦、项羽各是怎样布局、怎样用人。分析刘邦的示弱策略，探讨项羽补救策略。最后刘项性格对比，探讨成功领袖人物应具备的性格。

示弱是刘邦在这次交锋中采取的主要手段。

向人示威，人人都会；向人示弱，却只有少数人才做得到。示威能得一时之利，却往往难成为最终的成功者；示弱凡是忍让，不逞能，不占先，即使相争之时也会退让，麻痹对方，最终获得成功。示弱是一种勇气，更是一种智慧。

在充分挖掘教材信息的同时，我还补充了几个片断，让学生了解到：项羽直率粗犷，刘邦胸有城府。在灭秦战争中，刘邦大军几乎兵不血刃，秦军即闻风瓦解；项羽却一路苦战，在刀光剑影、腥风血雨之中才来到咸阳。项羽性格急躁，刘邦老奸巨猾。

性格决定成败。管理者的个性不同，导致决策手段不同，结局也就不同了。

163

爱在薄弱处

冬，有再多的禁锢，迎春花还是开了；受再大的影响，春芽还是发了；哪怕再固执，春天还是来了。这就是自然的力量，这就是发展的必然。

尽管春雪，尽管春寒，校园里、教室中、办公桌前传递的是爱意，回荡的是老师同学们朝阳般的笑声！

学校抓住"德育是首位""教学是中心"，结合学生实际情况，研制出一系列可行的策略。

"提高课堂效率竞赛""人人有长进，导师制辅导"是教育恒久的话题，我们将赋予它新的含义。

"课堂教学效率竞赛动员暨读书节总结大会"在主管教学的副校长"为了提高学生，为了促进教师"的倡导中开始，教务处作了总结和动员，各部主任及教师代表作了精彩演讲。

校长作了简短精辟的总结：

课堂教学效率竞赛要有广度，全员参与，老教师示范课，行政领导下水课，中青年教师比赛课，借这个舞台充分展示自己。

课堂教学效率竞赛要有深度，理论联系实际，学会总结，学会反思，每人撰写一篇论文，做到既能实战又能研究，借这个平台大力提高自己。

课堂教学效率竞赛要有效度，学生效果验证一切，向高考要质量，向中考要质量，所有的活动都是为了提高育人质量，质量是学校、教师生存的第一要义，大家要借这个讲台着力强大自己！

网上留言

◆凯沛家长：我不知道凯沛这学期的英语怎样了，为他不愿意沉下去学感到十分忧虑。这次去上海呆了一个星期，感到外语交流的压力越来越大，没有足够的外语基础，几乎没有办法在大都市生活，我的很多同事和同学在丢掉十几年后拼命在赶，而这些小孩还优哉游哉，没有学习外语的紧迫感。一定麻烦您多逼一逼！

风度，就这样走来

男孩留长发，染发，打耳洞，戴耳环总有；打打闹闹骂骂咧咧时见……

盲目自信，盲目自卑……究其原因，还是教育不到位。

有"神韵"才会有风度！人只有具有了昂扬的精神和高贵的气质才会显示出高雅的风度。

让学生心中有个标准，让他们了解、理解什么是风度，怎样体现风度，从而规范自己，让自己有风度，才是真正改变的前提。

本学期，学校强化管理措施频频出台，高中部实打实招招严格，学生呈现出全新的面貌。

首先，出一期班刊。当然是班刊组学生自己设计，自己编辑，自己出版。他们收集了见面、道别、演讲、餐饮等八个方面的礼仪知识，分类编辑在他们颇具创意的"风度就这样走来"的整体设计里。班刊评选，获高中部一等奖。

其次，就是举行一次用他们的班刊标题为主题的班会。

符丹同学的文章记录了这个过程：

风度就这样走来

"礼仪是融洽关系的阶梯，礼仪是成功人士腾飞的翅膀，礼仪是律己敬人的法则，礼仪是现代青年素质的体现。"班会课上班主任慷慨激昂的开场语让同学们领悟颇深。

第一个上台发言的是班长。同学们热情的掌声和亲切的笑容，让原本腼腆的他也显得生动活泼起来。似乎是老师的话起到了作用，上台时他连走路的样子也变得十分有力，背挺得笔直，矮矮的他看上去有些许大将气质。走到讲台面前，露出了他招牌式的憨厚的笑容，开始有点结巴，可是大度的同学们并不计较，只是哈哈大笑，在他们亲和的笑声中，班长又逐渐找回自信，口齿也流畅了许多。

第二个，理所当然是团支书了。他一副很大义凛然的样子，上台时也没什么特别引人注意的地方，只是演讲却幽默了许多。平时正直的他，今天最独特的地方也就在他的演讲。他举了许多例子，甚至连电影里的人物也说了出来，还有生活中的事。他用最平淡的话语和最幽默风趣的语言，讲出了生活中最现实的问题，既生动又贴切，每个人都听得十分入神。

第三个，就是副班长咯，哈哈，活泼可爱的他，用天真无邪的笑感染了全班人。虽然他只说了短短的两句话，但效果却十分理想，非常到位。

接着，所有的班干部都发了言，效果也都还不错。又到了班主任做总结的时候，同学们一个个聚精会神地望着她，听得很认真也很仔细。黑板上那几个字在她的"咒"语下也显得闪闪发亮，似乎有了灵性一般。连今天下午才转来的一个新生，也听得有滋有味。所有人都在思考讨论的问题，没人开小差，这种气氛真是再好不过了。

是啊，礼仪是我们中华民族几千年来的传统，有了它才有了我们的文明。然而又不仅仅是它，还有气质、大方、包容这一系列的品格共同形成了我们的风度。

没错，风度就是这样走来，相信，今天，所有的人都懂了。

网上留言

◆疯子姐姐：恭喜恭喜啊！班刊也搞得很有风度啊！获了一等奖呢！加油！多拿几个第一回来！陶老师，你们班什么时候足球比赛啊？也要拿第一噢！我弟弟会参加吗？他叫文铭，呵呵！

◆sume：能够教学生们重视一下中国礼仪，非常难得呀。还把它搞得有声有色，就是难上加难了。不过，你们好像做到了呢。恭喜！

◆凯沛家长：陶老师，这是高招，不错。男孩留长发，染发，打耳洞，戴耳环，一看就没有阳刚之气，这本来就不是学生该追捧的，也不是大众崇尚的，只是极特定的职业人士的癖好。如果需要企业礼仪培训的资料，有机会我可以给10班提供一点案例啊！

◆hncsxqh："风度就这样走来"，这期班刊内容好，让学生真正懂得学校为什么要狠抓学生仪表。懂得道理，才能有所行动。相信高一10班在陶老师精心设计下，会呈现骄人的成绩。10班全体同学加油，不管是学习还是生活，我期盼着看到你们每天有新的收获，胜利是属于你们。

2月28日 星期二 雪

学生在长大

早晨醒来，打开窗户一看：一片银装素裹。

下雪前的这几天又是风又是雨，温度也低，学生感冒的、发烧的一个接一个。

作为老师，我希望他们坚强，他们也确实坚强了许多，男孩女孩挺着不出声。

作为女性，一个自己也有孩子，并且孩子也在遥远的他乡求学的母亲，我内心确有不忍，劝他们就诊，但话语中还是希望他们坚强：疾病像弹簧，你弱他就强。人虽病，神不蔫！

这些天他们明显认真多了，班干部较前更负责任了，班长还笑着告诉我：你休息的那天，我们都没有扣分。

学生在长大。

网上留言

◆淡蓝清香：你们学校真的很吸引人，我们的学校太注重应试了！似乎考分才是最重要的！唉！陶老师，你是我们《学海导航》的编者吗？我好像有印象哦。我很欣赏你的教学方法，在一些问题上并不像一些老师只会对学生一顿乱骂，然后请家长，唉！

能够成为您的学生真的很幸运啊！

◆妙如：淡蓝清香，学校确实很美！欢迎来做客。分数也是重要的，那是对你学习效果的检测；应试是一种过程，更是一种方法；别抵触应试，那也是一种能力！如果我教的学生成绩不是稳步提升，我也会"扁"他们的。你们也用《学海导航》吗？谢谢你有印象。如果书中有什么值得研究的，可以在网上留言，我们可交流交流。从书中你也可以了解我们对学生的要求！

◆少玉：好可惜啊，在长沙的时候都没有看到下雪，来学校了那又下大雪！这几天好郁闷的啊，感觉真不好！好想回家！为什么第一学期都没事，可是到了这个学期反倒那么想家了？实在课也很多，事也很多，应该没什么时间想的啊！

女儿的留言提醒了我：我们学校全是离开父母在外求学的孩子，有时他们思家、流泪，跑去打电话，希望老师多一份关爱都是正常的。为了鼓励我的女儿，也为了安慰远离父母在校读书的学生，我写下了下面留言：

◆妙如：少玉，可爱的兔崽，在那么美丽的校园，想家也是一种享受，不离开家怎知家的温暖？

你想家，我高兴！

想家是一种思绪，它不需要时间，也不需要空间，来无预兆去却无期，如果有期，那家就太没吸引力，那我不就没用了？

你想家，我很高兴！

想家也是一种情绪，它因事可起，因物可发，不知不觉，还会传递。如果真是这样，我更高兴，你长大了，是一个懂感情的人，我们没白养你！

你想家！真好！是雄鹰就得展翅高飞，为了飞得更高更稳，现在必须练硬两翼，潜心学习。家，永远在你想得到的地方！

◆九九：那要看你在什么地方读书啊！如果在自己理想的大学，那肯定会很好的。要不然，还有一种情况也还不错，像我一样在家门口读大学啊！每天回家吃饭，衣食无忧的。

◆妙如：在家有在家的感觉，出去有出去的风景。为了让生活多姿多彩，能出去读就出去，那样对自己的磨炼会更宽更深。

心，开始静了——音乐之韵

星期一又有音乐课，师生会用一种怎样的心理来继续呢？

星期天晚上，与音乐老师交流了一会儿，我们商量着：他们基础是差点，习惯也还有待改变，把他们全当作是优等生来看，你会发现，其实他们也真的很可爱！与学生的交流应是心与心的交流，尊重要互动。

要节节课吸引学生，真的不是一件容易的事，但我们朝着这个方向思考就不怕学生不心动。昨天的音乐课后学生就写下了感受：

天籁之音
李哲

下午，正是睡意朦胧的黄金时刻，午休后的懒虫仍迟迟未起。

"叮铃铃……"一阵仓促的下课铃声让我猛然想起第二节课是音乐课。随后做眼保健操时我在想：音乐课？我似对它有点陌生，是什么原因？难道是我很久没上音乐课了吗？也不过上周才一节课没上呀！

想着，我决定今天去认认真真上一堂音乐课。走在音乐室的路上我又在想：一堂音乐课我们能学到什么？我们需要学到一些有用的东西而不是白白浪费45分钟……

"我也很想他，在某个地方，我少了尴尬……"不知不觉已经到了音乐教室的门口，一首孙燕姿的老歌幽然飘到耳根，歌老人新，转眼已不是当年的初中生，一阵旋律突然激起一种怀旧情绪——想回到过去。

人陆陆续续到齐了。

"好了，人到齐了，我们就开始上课。"老师发话了，天气说变就变，如今这课也难测，往常的音乐课好像随便听听歌，一下子就过了，上没上都没有感觉，所以，一直感受不到音乐课特有的魅力，或者还是我不够用心去聆听。

"音乐我们主要是听它的感觉，有时候，一首歌只需听它单一的旋律就会明白它内在的涵义。"老师热情地把各类音乐给我们做了介绍，伴随着丝丝旋律，我觉得音乐课其实并不是那么无趣。瞬间，我的思绪又逆转到上周那幕逃课踢足球的情景。那是一个阴雨许久后初晴的一天，由于天气的难得加之音乐课也"索然无味"，经众多同学一致响应，我们决定逃课放松一下筋骨。整节课都在球场的感觉真好，可这也随后成了500字自辩的铺垫。

不过说实在的，今天上的这音乐课确实让我感受到了与往常不同的韵味。静静地倾听那婉转悠扬、饱含激情的乐章，何尝不是一种美的享受，还可催人奋发。音乐如此，如此音乐，岂不是天籁之音？

寻常的天气，不寻常的课
高凡

"今天音乐课帮忙查一下到，还别忘了向老师道歉。"班主任这样叮嘱我。

是的，上周的音乐课真的非同寻常——我们逃了课。

"今天天气这么好，别去上音乐课了，咱们踢足球去！"上周一中午，我一个寝室一个寝室地鼓动，没想到大家热情都这么高，都爽快地答应了。

踢的一身臭汗，回到教室。班主任马上就到了："你们干吗去了？你这怎么搞的呀！"班主任指着我的屁股，原来刚刚摔了一跤，一屁股的泥。

当然没有不透风的墙，我们的逃课行动还是让我们付出了代价。

今天又平常了起来，阴雨天，没有逃课的音乐课。

"我也很想他，在某个地方……"真是平常，音乐课还是听歌。

一上课，老师就把音乐给关了，"上20分钟的课，后面再听歌。"哈，没想到寻常的天气也会有不寻常的音乐课！以前音乐老师难得讲课的！

我看了一下，全都到了，没人逃课……

老师讲课的神情挺严肃的，但还是常常提到音乐课是让大家放松的，我真的感觉到，老师想让我们放松一下，不想讲一些大家不感兴趣的声乐知识，只是走一下形式，这堂课他的口头语就是"其实大家只要用心去聆听，就会感受到音乐独特的魅力"。

他讲的东西也挺好的，至少我知道了我的祖国一开始的现代歌曲是由祖国的古诗和日本、英国的曲子风格交杂在一起形成的歌曲，我还知道了后来发展成"艺术歌曲"。我们还听了当时的主题歌曲《教我如何不想她》，说实话那时的歌不太成熟不太动人，但是词中的感情还是很深沉的。一首歌曲，有好词又有好曲，可是经时间的洗涤后，词大都会被人忘记，曲子还会长久流传。

"老师，听这个！谢谢！"同学早就忍不住了，他们多么想听他们喜爱的孙燕姿的歌曲呀！

孙燕姿的歌，好词又好曲……曲子牵动人心，歌词让人沉浸在回忆之中。

"爱是流动的，不由人的，何必急着要理由……"

我沉思了……

都不寻常……

我静下来了……

事情是随时可能发生的，就像在这个时候来几场雪，我们应抓住一些契机，引发开来，共同思考，共同发现，这样就可相互交流，相互理解，相互提升！

虚竹幽兰生静气，朗月和风展天怀。视平目极远，心静格自高！

第六章

3 月 1 日—3 月 28 日

将欲取天下而为之，吾见其不得已。天下神器，不可为也，不可执也。为者败之，执者失之。夫物，或行或随，或歔或吹，或强或羸，或载或隳。是以圣人去甚、去奢、去泰。

——《老子·第二十九章》

学生是聪慧的，我们应顺其自然而不妄为，要除去那种极端的、过分的做法。

手机事件

看完日记，已经22∶46，想着白天几个学生感冒了，晚上睡得好不好？走进404，四个已入睡，还有两个学生在研究球赛的事……

走进403，有的睡熟了，还有的睁着眼。摸了下感冒学生的额头，还好，正常！

走到419前面，听到里面有说话声，我以为是同学间在互相讲话，听了一下，不像；又站了一下，声音还在继续。于是请生活老师把门打开，我认为听到开门声会停止，但声音依旧。这时有个学生喊了我一声。

我走了进去，约两分钟了，还没有"惊醒"说话人，于是我与另外几个聊了几句，那一个说话的同学竟然还没停止！

我连叫几声他都没听到，多么投入呀！同寝的同学把他叫停，他才从被子里钻出来。

"手机给我看看！"

"不是我的。"

"我只说了给我看看！"

"给你了，你就会给家长。"

"我什么都听你的，只有这次我不能给。我保证明天还给同学，你要相信我。"

这时同寝的几个同学劝他："你给老师吧！"

"给她了，就不会给我了。"

"不会的，陶老师向来讲话算话。"几个同学在给我台阶。

"这样吧，只要寝室的同学帮你说出一个不让我看的理由，我可以不看。"

"你看吧！"这位学生把手机抓得紧紧的举起来给我看。

"放心，今晚我不会带出寝室！"

在同学的催促下，他将手机给了我。

手机是新的，我拨打了我的号码。又问了他父亲的电话拨了过去，已经呼叫转移。

我将手机还给了这位学生，如果不给他，他会睡不着觉的！

在路上，我给他家长发了条信息：请问××的手机是不是您给买的。

课间操，我问他手机是否还给同学，他说还了。我又问是本班还是别的班，他回答是本班。

第三节课，这位学生的父亲告诉我，他没给买手机，但孩子手中有钱。

第三节下课，我与这位学生交流了大约 3 分钟，他承认了手机是自己的，并且中午将手机交给生活老师保管。

手机，作为一种交流工具，存在就有它的合理性。但是手机也因它日渐强大的功能和互动性而成了"双刃剑"，即时即地的通话、无时不可发的短信，以及摄影、游戏、上网等功能，促使许多学生乐此不疲。那么，如何利用手机有利的一面而避免其阻碍学生学习的不利之处呢？显然，这是个值得讨论的话题。

中学时期学生要不要手机

网上留言

◆一家长：您好，孩子们的放纵，让您烦心了，我们做家长的对此表示深深的歉意。

自从孩子到你们学校读书以后，我也经常浏览您的网页，从中对您有了进一步的了解。孩子们有您这样优秀的教师，是他们三生修来的福分，您用慈母般的爱去关心他们，用渊博的知识去引导他们，用高尚的人格去感召他们，我相信您的学生今后个个都是好样的，他们无论今后发展怎么样，都会永远记得您。

◆妙如：人非圣贤，孰能无过！何况他们是孩子！谢谢赞誉！这是教师的职责！

◆袁潇：看过电影《手机》吗？它已是现代生活的一分子，即便是成年人也深受其诱。我昨天三块电池没电，白天关机，后来得知至少给五个人造成了不便。

◆妙如：只有思考着，才会发现着。也只有发现了，才会有新的思考！矛盾解决了，还会出现新的问题，在新的问题里又会有新的矛盾，如此交替，推动了社会的发展与进步！可有时总会有坎坷崎岖，总要盘旋而行！从山下到峰顶就这样，这也是自然，除非你坐缆车！这要彻底洗脑才会有的！

◆少玉：现在社会如果没有手机确实是比较麻烦的，不过那是对在社会中的人而言，对于处在高中紧张的学习阶段的学生而言，应该没有多余的时间玩手机了！电话先不谈，短信是最浪费时间也是最浪费精力的！

◆Chen：手机的确是一个令家长和老师的头疼的问题，学校明文规定禁止带手机上学。家长不给吧，孩子就缠着转，左一个保证右一个保证的……还说父母不相信他们，不过确实和孩子联系也不方便。给了吧，又违反了学校的规定，这些孩子又控制不住自己，结果就给老师带来了不少的麻烦，管也不是不管也不是，这就使一个让老师相信的孩子都说了谎言。既然手机的魅力有这么大，我们去制止去没收去强行地不给他们用，还不如想个办法既不耽误他们的学习又让他们有用手机的时间！

是呀，手机是工具而不是玩具，过度依赖或者沉迷只会让它成为自己成功路上的绊脚石。我们可以像开电脑课一样，一周有那么一点时间让他们与外界有声音的交流；而这些手机也可以由生活老师集中保管，每周定时开放。

一切都将在矛盾中发展……

3月5日　星期日　晴

学会观察形形色色的人

学生生活的环境尽管很不错，但他们交往的圈子并不大。小说是虚化了的生活，却也是生活的浓缩。利用文本，让学生了解形形色色的人，是教材的功能之一。学习《装在套子里的人》，我和学生共同设计了围绕"别里科夫可不可以不死"，举行"别里科夫研究会"。

学生讨论研究得出结论：

性格决定命运，他的着装、他的生活方式与人格格不入，他胆小多疑，惶恐紧张，他只有死。

人际关系一团糟，环境容不下他，他只有死。

他的存在没有价值、没有意义，不死做什么？

……

作者刻画出这样一个人物形象对我们有什么启示呢？

学生思考讨论热烈。

反过来，我们设想一下，别里科夫怎样改变可以不死？

《荷花淀》的教学，我开始就提议将小说改写成剧本，然后共同制作成动画《荷花淀》。学生说，改成剧本都还可以，要制成动画那要过几年看看，现在没这个水平。

那就改成剧本吧！

于是学生埋头开始收集材料（读文本）。

接下来，大家不用想都会知道，思想有多么活跃！

其实，让学生从文学作品里去了解社会，认识形形色色的人物，从而提高学生的认识能力、判断能力、分析综合能力以及赏析能力，他们也是很乐意的。

网上留言

◆淡蓝清香：我们要举办一个小说讨论会，就是《学海导航》上的研究课，老师要我主持，我不知道具体怎样去评论一部小说，所以想请您提点建议。

◆妙如：我答应3月8日为你写一篇《小说评价之我见》。

海雪想提前报考

这段时间，海雪有点耐不住了，第二节下课他跟我说，他想出去学专业，想今年参加高考。他说辅导老师说没问题！他还说，他已经问过黄主任，黄主任说高一不能报考，所以他要回去报去。我担心他下午又私自跑出去，就说："你打个电话给父母，商量一下，如果他们同意就行；下午别跑出去，不安全！"他说他不会跑的。

他已经十七岁了，出去应该没什么问题，但学校规定没有家长接谁也无权放行。而海雪可以想出很多办法离校，因此不得不提醒他。谁又能阻止他学专业呢？上个学期家长写了个申请，请学校星期天下午放行，一切问题家长负责。这个学期家长不写申请，还要求学校严管，以学文化为主。

下午，他依然出去了。我不得不通知家长来校，谈一谈海雪最近的想法。家长无奈地说，都换了几所学校了，他就想在这里。我还是建议，带回去，带他去找一找学校，让他碰一碰壁，让他知道生活不是想当然。不过千万别找关系什么的。

家长说那会落下很多课程。我劝道，思想上没有触动，坐在那里也是浪费时间。海雪说他要考的专业不要考数学、物理和化学，至于语文应是他学得最好的，历史政治他学得也不错。他说他就不会写作文，我单独给他辅导了。

如果他真想明白了，回校后老师们会给他补相应的课程。

自由的想人管，有人管的想自由

昨日顺便说了句，把日记当作小说写也可以。今天交来的日记就有 3 个同学写了小说：晓波的《天下无由》，游澳的《也向虎山行》，随风的《变幻》，都还写得不错。

随风来到 10 班没能极快融入，总在找原来班级的同学玩。看到他写的小说，内容是真实的生活记录，表达清晰，语言形象生动，这不是让他融入集体最好的契机么？该好好鼓励鼓励。

变幻（一）
随风

天空很昏暗，看不清天上的云有几朵了，但是能借助微弱的月光看清楚回家的路。

卫生真难搞，本来可以马虎了事的，没想到班主任今天不知从哪里冒了出来，指挥我干这个干那个的，40 多分钟才搞定！这肯定是本学期到现在以来搞得最好的一次卫生了。

爸爸又在和他那些同事打牌。因为我爸公司的办事处就在离学校不远的地方，所以，我爸把我接到这里来住，方便了许多！

一进门丢下书包，爸爸就说："才回来，快去吃饭！"说罢便递了 50 元。我二话不说，拿起钱就走了。

南风吹上枝头，树叶微微招手，就好像叫客的中巴车上的售票员一样。

没心情吃饭，就去了网吧，路上买了一包烟算是晚餐。我并不爱抽烟，只是纯粹为了装酷，结果上了瘾，丢不掉了。在我们那烂学校，高中学生抽烟是正常的，一般一个班上的男生就有 80% 抽，甚至也有女生也爱抽。世道混乱了。

到了网吧里也一样，到处都是烟味，本来闷热的夏天，在此处就变得更加闷热了。

我喜欢阴暗的角落，所以挑了台最里面的机子，尽管里面有蚊子。

我玩电脑并不是为了上网聊天、查资料，更加不会学习那些"大人们"看黄色网站及调侃女人，那是下流的！别看我外表吊儿郎当的，其实我本质是好的，只是父母离异给我带来太多痛苦！我接受不了，我开始叛逆！

我只玩 CS——一种枪击游戏，或者，我的心是天真的，这种不可能发生在身边的东西，我只借此业消磨时光。

玩了一个多小时后，自觉没趣就下机走人了。老板也只是收完钱就行了，不会像对待其他顾客一样的热情。不过我在这网吧玩了快三年了，好像也该给个会员待遇，但老板见我一天一次只玩两三块钱，捞不到什么好处，就没怎么对我套近乎了。

烟圈消失在茫茫夜色中，不留痕迹，烟灰飞腾，曾经的辉煌已显暗淡……丢下烟蒂，踩灭，我热心已成灰。

累了，该回家睡了。

清晨出门，发现昨天晚上下了雨，地面的水渍依旧未干。早上上学上班的人忙碌起来。我背起包，加入人群之中。

早餐就三个包子，吃得满嘴涩味，但还是硬着头皮吃完了。

上课真的很枯燥，理科只有那么几个公式，左摆右摆，头都大了，文科又是背。烦啊，高二学哪科这还是个问号。

老师那两片嘴唇一张一合，口水直溅，似有发起山洪之威力，同学们却在下面忙自己的，只有几个实在找不到什么事做，扮作听课状。

午休时，我没回家，选择在学校里呆着。去"烟馆"的路上，一直有不少来会的"烟民"向我们招呼，我很烦他们，因为，他们都是骗吃骗喝的，没几个吃过自己的。

其实，"烟馆"就是学校废了多年的一层楼，门窗全开，学生大胆地抽着，老师望之无奈地走了。什么破学校！要我是教育局的就封了它！不过自己也爱上了这地方，只爱它为大家提供的"帮助"。

在"烟馆"碰到几个老同学，躲在角落里，蹲着抽，各个有模有样……

见我来了，打声招呼，递了根烟来，我接过放在嘴里，点着了品尝它。但是，每次抽烟时，我就感觉自己失望了，变坏了。不过那些大人抽就没变坏了的？一旦想到这，就更加怂恿自己抽起烟来。

以前总是向往那种有钱的、无束缚的日子。现在好了，父亲只知道打牌、赚钱，妈妈就在外地开公司，没人有空管我，没人想管我，有时母亲几个口头的问候从电话另一端传来，苍白无力的教育，反而促使我更加堕落。

兜里从来没少过钱，钱太多了，只能存起来。存起来干吗呢？不知道！无头无脑的留着多余的钱……

我后悔了，我想有个完整的家，重新过着那美好的生活……

小说才开始，我已被吸引，引起我兴趣的是这些孩子生活的环境和他们的家长。在这种环境下的孩子怎会不孤独，又怎会健康成长？

寻两点一合之路，求左右逢源之境

1. 古文教学的背景。

高考古文分值不少，文言文阅读 12 分，翻译 9 分；还有"近亲"——古诗赏析 6 分，默写 6 分。有时还可能有对联、仿句，沾亲带故共计 33 分。

中国几千年的古代文明要读到精髓，要形成自己的观点、自己的学说，不可能只读译本、只读解读。

考试要高分，要读懂古人，培养其直接阅读古文的能力就成了语文文言文教学的基本任务。为了考试，学生必须要听课，尤其一讲到这是考点，学生会条件反射，身子一正，眼睛一亮。但如果总是用考试这个"紧箍咒"生活会失去应有的光彩，太功利，学生会烦。

2. 语文教学的任务。

语文的根本任务是什么？怎样学习语文？

我认为，语文学习的根本任务就是学会阅读与表达！

3. 怎样学习语文。

通过阅读，通过观察，通过思考，达到学会表达之目的。包含之深，涉及之广，非鸿篇巨著不能，非高瞻远瞩不及。

两条直线间垂线最短，不错；曲径通幽，以他山之石攻玉也是一途。平时，学生一般是利用工具书学习，他们手上还有什么古文解析、文言文解读、学习参考之类，老师提出个问题，答出来基本上没有争议。如此，天长日久学生积累多了，阅读能力自会提高许多。但我们为学生算一算账：一天他们有多少科要学，有多少作业要做，属于他们阅读的时间又有多少？考试时会有参考书吗？老师能把考试的内容教全吗？

不过，我们又觉得学生无时不在学语文，所有的老师都在教语文，因为所有的老师都在表达。

这样一来，语文教师就轻松多了，我们只要利用有限的教材文本，抓住有限的课堂，技巧地发挥教师作用，充分调动学生的思维，让学生多积累一点"原始股"（多背记），灵活地掌握一点语文专业的公式（语法文法），让他们课内学法，课外施法，考场笔下自能如法。

语文要的是积累，厚积才能薄发；语文要的是语感，情动才会辞发。

语文学习，最简单的学法就是读，最深奥的方法也是读，关键是如何让读的妙处发挥到极致。古文学习，先理解后朗读训练。这样才能达到"目视其文，口发其声，耳闻其音，心通其意，意会其理"的境界。

将考点潜移默化地融入平时教学中，在这个基础上，再根据文本主题来实现文道统一之目的，这样方可水到渠成，而不会牵强附会。

在《归去来兮辞》教学过程设计中，我以"僮仆稚子亲戚农人此中有人伦之乐"为上句，要求学生自由对句来导入新课。用"品文知人"之法学习课文。讨论：（1）"大隐隐于朝，小隐隐于野"，你认为陶渊明是"大隐"还是"小隐"？（揭示陶渊明个性）（2）"归隐"与"隐忍"有何区别？作为社会人，你赞成归隐（隐忍），还是反对归隐（隐忍）？（升华文本，回到现实）（3）最后用"松菊倦鸟巾车孤舟其间寄田园之情"来归纳学习，学生颇受启发。

在校的生活，在大部分同学看来都是一样，每天重复的日子，很平凡很乏味，但如果你善于捕捉精彩瞬间、琢磨别人言语，那么就能留住精彩瞬间，变成美好回忆，产生无限遐想，为你的生活多加佐料，让其更具风味！

今天的语文课上，陶老师说到陶渊明不慕名利，只愿做个普通的农民，老老实实过一辈子，没有一丝竞争的意识。这对其本人来说是美好的，那是他向往的生活，但是否就能像移花接木似的，把这种思想安置在大众的身上呢？这是个值得同学们讨论的问题。

一个人若是失去了竞争之心，还能否有前进的动力呢？不想出人头地，成为一颗耀眼的星，而甘愿作大海中的一滴水，这种人的一生是平凡的。也许正是这种随波逐流，让人失去动力，像泄气的皮球。

当然这只是我个人片面的想法，而我则不会像陶渊明那样甘愿作一个平民，我会争名争利，让别人都知道世界上有我这个人，我是出色的，但绝对是通过正当途径，通过自己的努力，让自己的梦想成为现实。（焦达）

【妙如回复】好！很好！陶渊明还说过"猛志固长在"呢！

俗中见雅，散中有神——致淡蓝清香

小说有中外之别、古今之分，有武打、言情，亦有侦破、战争，种类繁多，怎样评价说法多多。这里就你留言中的问题谈几点我个人看法，仅供参考。

首先搞一个小小调查。制一个表，让同学们填一填，了解同学的喜好；统计统计，分出类别。

其次，确定一个一看就让人产生说的冲动的主题。

第三，你和同学商讨设计一个活动框架。

第四，找一个或两个反应敏捷且出众的搭档做主持。

总之，活动组织要有序，活动内容要丰富，活动语言要清新，要俗中见雅、散中有神！这样就为一个很有特色的"小说导读"活动创造了条件。

通过活动要让同学知道选择小说要"情感＋理智"，崇拜偶像要"内外兼修"，赏析小说要"心不随形役"。

活动结束后要写好活动总结，并将活动所有资料收集整理交老师装订成册，以备今后活动参考之用。

淡蓝清香，我啰啰唆唆讲了这一些，但愿能给你点启示。不过我想，你们的老师一定有比我更好的建议，多去问问他，你收获会更大！

祝你活动主持成功！

◆淡蓝清香：谢谢陶老师啊！我学到了很多知识啊！对小说我又有了新的看法和理解！我想我可以搞好这个鉴赏会的！我会渐渐学会领会书中的奥妙。陶老师，我以后有问题可以向你请教吗？

陶老师，你们学校也搞月考吗？我们也考试了，我们这一届有两千多个学生，想考到前面好难好难！我每天只有学习学习再学习，根本没有任何娱乐活动让我参加，而你们却有那么多让人兴奋的活动！唉，好羡慕你们的！

是替谁读书

这段时间，蒋、晏两位英语老师抓早挤晚，一一个别辅导，尽管还是有些同学不能连贯说话、流畅表达，但那种学习的劲头还是出来了。

月考也快到了，紧张的气氛有点儿了，但远不及上学期末。数学越学越难，吃力；英语，别国的语言，大部分同学有提高，但小部分同学努力了还没见效果；物理老师信心足，学生却越来越无力，因为他们说理科学不懂，高二选修文科。这还是一方面的原因，另一方面是三月大休，高中部不休。不休假着什么急，再差，爸妈要骂也离得太远——很多学生在日记中流露出这样的情绪。

因为不放假，个别学生开始有点松散，虽然没有什么明显的表现，但能感觉出来，好像是替爸妈读书似的。

我明白：学生有转变，但一部分还没实质性改变。育人之道既长又艰！

三月活动一览

家长询问学生近期有些什么活动，我将内容汇报如下：

3月11日上、下午，23名学生参加公共英语考试。（50天后有结果）

3月13、14日，高中部月考。（15、16日有结果）

3月14日晚、15日晚，高一辩论赛。辩题："网络是否有利于人际交往"。（当晚有结果）

3月16日至月底，足球赛。（踢完有结果）

3月26日，与国际部学生进行英语辩论赛。（当天有结果）

有好成绩的，一定是努力了；努力了的，不一定都有好结果。每一次活动都是一次考试，每一次考试又都是一次活动。在考试中成长着，成长中又不断接受新的考试！

◆海雪妈妈：陶老师，你好！您是我们遇到的一位好老师。在您的训导下，海雪的进步是很大的。最近他很情绪化，感觉在学校里很孤独并且想离开学校去学专业知识，对此，我们家长是不赞同的，我们知道这将影响到他的课程学习。这次回家后，经过我们的批评开导，他要求回到您的班级里继续学习。这个孩子很情绪化，希望老师能多包涵，我们真诚地希望他能在您的教育下继续学习。他将在3月12号晚到校。

3月11日 星期六 雨

光芒就是这样产生的

公共英语考试，我陪他们一道前往。这确实是逼着他们上，我们难道不知他们英语基础差？报考时，黄主任就说了，过不了是会影响学校通过率的，但为了鼓起他们学习的兴趣，以考来"逼"也是个好办法。

考完，他们感觉都好！我知道，对比之前他们已经很不错了，敢开口，能开口，还能说出来几句，这次过不了，下次相对也容易些了！

晚上回来，看了余下十多个学生自习的成果，随风写下了《变幻》（二、三、四）。

原以为自己是一个不好的学生，学习成绩不好，不爱学习。自从到这班后，一切都开始变了：有思想，好学生，乖孩子似乎都成了我的代名词。我放弃了以前的那种放纵，也同时把"沉沦"两字完全与自己隔开。我不知道为什么，我只明白不可以让老师和自己失望。

今天德育主管也找我谈话。他说，我电视台的事做得很好，成绩也进步了，希望我把握好，继续努力……

也许光芒就是这样产生的。没有任何预兆，就在一刻之间。今天本来不是我做节目的，但那个做节目的因为是第一次，所以老师不太满意，于是又换上我。呵呵，在走向成功的路上，有大家的支持是最开心的事了。我不是最突出的人，但我要成为最努力、最有毅力的人。（敏纯）

变幻（二）

随风

搞不懂青年为什么要读书，浪费大好时光，要是能像古代一样当个猎人，隐居山林之中，就不必要为伙食、吃住考虑，生活就没有那么多烦恼了。

要放暑假了，也意味着考试近了。面对即将到来的考试，同学们并不是忙复习，而是去疯狂地联系可以作弊的对象。谁哪门厉害，就拿自己的长项作为交易，甚至有人拿起手机准备采用高科技的作弊手段了。

可是，我没有什么能作交换的，因为我只有文科好，理科别人要的公式我一个也记不住，所以只能自己帮助自己了，准备在手掌上写些公式，就不用着急了。

终于，考试到来了，早晨是一片阳光煞人，我就觉得死定了，早已抄在手上的公式被我捂得严严的，生怕被大家看到。这可是我昨晚百里挑一的重要公式，双手都有不少，手不敢握得太紧，怕会被汗打湿……

第一节物理考试开始了，我坐在最后一组的最后一排，后面就是监考老师，所以，我这里是天时、地利、人和都没得，只有靠自己了。

开始的选择题倒还好，后来做到计算题时，题目慢慢难起来了，令人窒息，慢慢地，急躁起来，全身冒汗！我下意识地打开手心——晕！公式们全都化成了一大堆的蓝色墨水，完了，完了！

不过，幸亏昨晚还记了会儿，所以把记得的公式全都抄在草稿纸上！也有一大版呢！心中的气一下子呼了出来！

后来的理科考试中，我吸取了"手冒汗"的教训，下把功夫把化学、数学的重要公式和定理都给记住了。考试时也不那么紧张！

果然，7天后，成绩出来了，我竟然是第三名，语文98，数学87，英语95，理综172，文综168。哇！理科上来了，所以，我决定了学理科。

父亲听了成绩似乎没有什么惊讶的，只是给了我800块钱作为奖励，随后又去牌馆打牌了。而妈妈在2天后抽时间回来特地给我买了双NIKE的篮球鞋以及一台电脑加一年的宽带网！很开心，母亲就是不同些。

后来我就全天候地"陪"着电脑，作业丢在一边，无聊的时候，就乱做几十页。

我迷上了一款名叫"魔兽世界"的网络游戏，不因为别的，就因为地图很大，风景很多，我每到一个地方，就用网拍拍下，用打印机打印下来，集成册子，每晚睡的时候就看看，那白色的大雪山，那满是动物的大草原……

让爱智慧

3月12日 星期日

在这样的时候想起你

与一些家长聊天，他们总感叹孩子不懂事，打电话就是要东要西；和学生聊天，他们说现在人很假，交不到真心朋友。我想"情"这个东西看似有形又无形，看似无形又有形。要让无形变有形是需要强化的。于是设计了以"情"为话题的习作练习。我和学生交流，好文章是用心写的。

执 著
李哲

当护士把那个全身皱成一团、正哇哇大哭的孩子抱到母亲跟前时，母亲激动万分——这就是我儿子！听到他那响亮的哭声，我知道我的儿子以后一定会大有作为。

儿子上小学了。看到他背着书包时那可爱的样子，母亲认为儿子将来准能考个状元回来。

"什么？你说我儿子跟人打架？"

"？#%￥……"

"不，绝不可能，我儿子是最乖巧听话的，怎么可能会跟人打架？一定是你们弄错了。"

一旁的儿子呆呆地望着，然而他又怎知电话里的那份沉甸甸的信赖。

转眼儿子上初二了。昨天母亲接到儿子班主任的电话，说儿子上午逃课了。如果是这样的话，那一定是老师讲的课不够动听。怪不得上次我看儿子的考卷时，发现他才考30分，原来是老师教得不好。母亲决定替儿子转学。

有时候的爱，往往忽视了理性的存在。茫茫人海，我们天生就被无所不在理所当然的爱包围，这便是母亲的爱。

高一的船帆已拉开数日，然而当每次别离歇脚的小岛时，一种上帝赋予生命的晶体总在心里打着点滴。

"清好东西了没有？这件衣服要不要拿？"离别总是她最唠叨的时候，一旁的母亲显得比我还忙，仿佛要走的是她，"最近天气变得厉害，你还是带上它。"

"不用了，箱子都装不下了。"

"这个呢？"

"也不用。够多了。"

"要不要带点什么到火车上吃？"

……

好不容易挤上汽车，一路上儿子和母亲少有话说，只是各自望着一扇窗户。闪过窗外的树依旧还是那么苍翠，东西不多，意识却在瞬间的忙碌中模糊，我究竟放不下——火车站到了，一般节假日人很多，匆匆忙忙进了候车室。

"你在这等一下，我到那去买点橘子。"刚卸下行李的母亲转身便消失在人海。这不禁让儿子想起朱自清的《背影》，它教会我如何去感受那份真实的温暖。望着，望着，儿子淡淡一笑，因为我知道不久，她又会在人海中出现。每期待过一秒我都领略到下一秒的激动。

半斤的橘子犹如千斤重巨石压在心头，伴随着火车的长啸，放不下的还是深深的牵挂。

"记得到那边常打电话回来，天冷了要加衣服……"

突然间，儿子感觉自己是最幸福的人，心想：够了，儿子不求能去天堂，因为在尘世拥有太多，死后还要到天堂就太过分了。

点评：作者以自己深切的感悟谱写了一曲母爱的赞歌。

蜗　牛

凯沛

也不知道他的性格是天生具有的还是后天培养的，反正无论怎样，我是觉得有点过分。但是他是个极其幸运的人，也不知道他上辈子是不是神仙转世，反正总是有老天爷的帮助。

"嘿，传呀。四个人围着你呢，还舍不得呀？我可是射手座的呢。"

"我晕，你想输当初就别叫我来打球。"

"呵呵……"

他还是义无反顾地把球投了出去，随着一声清脆的声响，我晓得被盖了，可球仍然倔强地飞着，进了。

"我晕。"

唱歌唱得极差的他，却偏偏喜欢唱歌。不过他有一首歌确实唱得不错，我不否认，也不敢否认。

"小小的我，有大大的梦想……我一步一步向上爬……"

这就是他唱的歌，Jay的"蜗牛"，可是并不知道他为何这首歌会唱得这么好，对他本人也没有什么太大的意义啊。他又没有向上爬，看来只是个追星族罢了，模仿别人的音乐来陶醉自己，也只是会唱一首歌而已，没什么大不了。

让爱智慧

"明天期中考了，我会考好，要进前20名，要超过你。"

"你？算了吧。现在才51名，超什么呢，就更别说前20了，小心丢脸呢。"

沉默，看书中！

成绩出来了，我是第38名，我正准备膨胀着自信去臭他一顿。结果发现，他的确没进前20名，不过他37名。

"你这种过度的自信心早晚会让你吃亏的，等着瞧吧！"

"呵呵……"

"不信？哼！你早晚会相信。"

"呵呵，我信——我自己。"

"看好了。"

沉默，复习中。

中考的日子来临了，无奈的是进行了三天的考试。

"终于考完了，我想我没什么大希望了，你也够呛吧。我想肯定。"

"我绝对考得上。"

"呵呵，就你啊。死也不信。"

"走啦，上网去，我请。"

死也不信，他考上了，我，落榜了。

"你真的考上了，恭喜。"

"你有一天会回来的，我相信，我等你。"

"呵呵，你认为你会失算吗？"

"呵呵，不会，我还是相信我自己，你也会相信我的。"

"谢谢，你有什么梦想？"

"理想考上这里，梦想……，心有多大，舞台就有多大，承载着自己的梦，飞翔。"

"……"

"我要一步一步往上爬，在最高点乘着叶片往前飞，任风吹干流过的泪和汗，重重的壳载着轻轻仰望。……"

点评：同学间互相较劲是常有的事，看似吊儿郎当实则脚踏实地的孩子很多，作者凭着自己独特的体验描绘出了这样一个"蜗牛"似的同学：球打得好，歌不会唱却喜唱"小小的我，有大大的梦想……我一步一步向上爬……"，确实还唱得不错，上网不少，学习上升，中考竟然考上了。看似无序，实因有"我"做陪衬，一路见证，也就使文章清晰而生动。

◆凯沛家长：刚回来，看到这篇文章（我的确要称之为"文章"，打内心里讲，有进步！），我开始为之一怔，作文水平是不是有较大提高，我不知道。但是最少，这篇文章用这么特定的手法表现特定的心态，还是恰如其分！是自己的历练，也是老师的赐教！

10班的作文水平我感受到了明显的进步，去年我曾经阅读过2班的作文，曾经很震撼，而现在我再看10班的作文，又有同样的感觉。我相信，努力了是会有收获的。但是"革命尚未成功，同志还须努力"，感谢陶老师，也希望凯沛继续努力！

我不知道这次中考结果怎样？我希望凯沛能够自己兑现承诺，达到自己的目标。我一直按照我的承诺在履行，我也一直对凯沛抱有极大的信心，我相信努力了就会有收获。任何人在命运面前其实是很公平的，不存在怨天尤人的事情。但是，我还是关心结果，因为结果是检验是否努力的极其重要的指标！

◆凯沛：老爸，这首歌可是周杰伦唱的《蜗牛》。

◆凯沛家长：呵呵，希望不是如你文章所说的："看来只是个追星族罢了，模仿别人的音乐来陶醉自己，也只是会唱一首歌而已，没什么大不了！"

离承诺的目标差多少，自己总结。我没有太多耐心去听一些每次考试后几乎都是相同内容的辩解。相同的辩解让我总觉得你在吹牛，其实你并没有在哪里摔倒就从哪里爬起来的勇气。希望下一阶段的结果能够证明我的判断是不对的。我期待！

学习必须用功，不用功的人，按理没有资格欣赏周杰伦的歌，因为他能在音乐方面有成就，那是他用功的结果！

在这样的黑夜想起了你

金昭锡

窗外，夜如凉水，在这样的黑夜想起了你。

绿色的大树，娇嫩的枝叶郁郁葱葱，我们在广阔的操场上赛跑，你突然笑着问我："你说我们这算不算是在祸害人群？"

"咋的？我们这也算祸害人群啊？你想想，那些建筑工人用推土机这么一推，没了。你说什么叫祸害人群。"我狡辩道。

"可我们这也算是落井下石呀！你看小草好不容易长这么高，经我们一踩，这不就萎靡不振了？"

每当你到达终点时，你就会发出爽朗的笑声打着胜利的手势，不时还丢出一两句话来损我："唉，看你这样子以后怎么讨老婆，长大后老婆准与别的男人跑了。"

"兄弟，说话好听点可以不，你可知饭可以乱吃但话不能乱说，说不定我以后比你强呢。"

"是吗？要不咱们比比！"你用你一贯藐视人的语气再配上上翘的嘴角，看起来得意洋洋。

"哈。可你不知，在我眼中你只是头脑简单四肢发达的笨蛋，比就比，谁怕谁。"我作出了准备赛跑的姿势。

"停！我说的比赛不是现在跑步赛跑，那样多没味。我指的是长大以后谁比谁更有能力。"

"行，咱谁怕谁。"于是我与你击掌订下了诺言。

多年后，我开始整理近年的书信，无意中翻阅到你的来信，拆开信望着你的字迹，那么工整，那么有力……"记得赛跑！"我又想起了你，往日的画面历历在目，是我们走过时那段记忆，仿佛我们从未分开……

就这样在一个窗外如水，没有星星没有月亮的黑夜，我又想起了你，想起了你的笑，想起了你微微上翘的嘴角，还有我们曾经的诺言。

"记得赛跑！"

点评：回忆是甜甜的，在作者的心房里；环境是美丽的，在这样的黑夜里；文章是优美的，在描绘朋友的文字里。情动辞发确是常理。那赛跑时"微微上翘的嘴角"，那谈笑的内容，那击掌定下的诺言，以及那"记得赛跑！"的书信，无处不跳出那风趣幽默、好思考、上进而又像大哥哥一样关心"我"鼓励"我"的朋友身影。

如此，友谊是寂寞中的慰藉，朋友是孤独时的伴侣。

如将"夜如凉水""窗外如水"略略勾勒，意境就更显了。

读书破万卷，下笔如有神。

网上留言

◆袁潇：一口气看了几篇您弟子的习作，仿佛回到自己高中时代，那时的我比他们可差远了，经常无病呻吟，几句老生常谈。

下午开车去办事，伴着温暖的阳光，突然奢侈地想：这个时候去看您多好。嘿！在这样的午后想起您。

机会是主动的产物

今年这天，真的有点怪，不给一点消息，雪一夜就给你铺满，还不断地飘下，一脚踩下去都齐了小腿肚。

苦了学生，今天开始月考。

海雪回来了，去找了领导再次保证守纪。黄主任再一次和他谈了话：学校会给任何一个真正想读书的学生机会，而这个机会又是你自己要求得来的。希望你珍惜！

今天，我去哥哥那里。爸爸发了条短信，大致内容如下：

他说好久没有和我联系了，他觉得他在我心目中做的还不够好，但不管怎样，他希望我好好学习，保护自己。以前的问题不应该再出现，他说他对我是抱有希望和期望的，要我争气。

我看了之后，我回了条信息：爸爸，我都懂了，也正在努力改正。但可能也需要多一点时间。请你再给我多一分耐心，好吗？还有，我很疑惑，为什么我们之间有这么深的代沟呢？也许是我的回避，但也可能因为您的思想过于封建，有些事，没有站在我的角度去谅解。您平时严肃的样子令人生畏，让我感觉到距离。我希望您平时能够多笑，多开开玩笑，能够跟朋友似的和谐交谈，那样我们也许会拉近距离，成为朋友。当然，该严肃的还是严肃，我也会正确对待。

陶老师，您觉得我的想法对吗？我看到这些，我真的觉得有些手足无措，爸爸为什么突然会这么说呢？难道我又做错了什么吗？我到底该如何，该怎么做呢？我很迷茫，很迷惘。您能告诉我怎样做才能解决这些问题吗？

其实，我同时也很伤心，为什么我总是让爸爸操心、失望，总不能让他高兴呢？其实或许我该庆幸，庆幸有个这样很负责、很爱我也很关心我的父亲。我应该为他骄傲，为他自豪。

陶老师，希望您能帮我解开迷团。（焦达）

【妙如回复】有时解释是没有用的，只有行动。家长对孩子的期望一般都很高，因为他相信自己的孩子是最棒的，应该最有出息！这段时间你已沉下心许多了，只要你坚持用心、勤奋，不断进步，这就是最有力的解释！

辩场显风度，嘴里吐珠玑

只要看到辩论，就会想起曾经看过的狮城舌战，也就会联想到"诸葛亮舌战群儒"的精彩场景。

辩论赛是集道德涵养、文化积累、知识结构、逻辑思辨、心理素质、语言艺术、整体默契、仪表仪态为一体的一种理性的、高水平的、综合素质的较量，极富魅力，有很高的欣赏价值。

今晚是高一辩论赛预赛，这是一次普及赛，我当评委。

首先出场的是高一3班（正）VS高一5班（反）。正方辩题：张扬个性与遵守纪律不矛盾。反方辩题：张扬个性与遵守纪律矛盾。正方一辩陈词字字珠玑、落地有声，反方一辩陈词事例翔实、义正词严。正方三辩思维敏捷，反应迅速，回击有力；反方四辩伺机紧逼，抑扬顿挫，思考周密。

值得同学们思考的是，如果辩论不纠缠于张扬一词，而抓住个性做文章会深刻、生动得多。

第二场：高一2班（正）VS高一1班（反）。正方辩题：网络发展有利于人际交往。反方辩题：网络发展不利于人际交往。这一场辩论，说他们咄咄逼人吗？没有！他们谈笑风生。正方一辩脸带微笑却击如利刃，正方二辩如高山瀑布奔流如泻。说他们已经炉火纯青吗？不，我很欣赏，却也有遗憾，还欠点子深度！

这一轮的主持人特让人喜欢：沉稳大方，高雅脱俗。

第四场：高一10班（正）VS高一7班（反），辩题与第二场相同。正方一辩高凡陈词有深度有广度就是差点儿响度，反方一辩陈词有风度有效度也不缺乏响度。正方二辩吕欧紧张却不慌张，听辩准确，答辩有力。正方三辩李哲、四辩成鹰也表现不错（还需多多参与，训练临场机智）。

五场下来，总的感觉是：青出于蓝胜于蓝，这是指日可待之事！

辩论赛是一种极富理性的"高水平的智力游戏"，几乎可以说是一种最能反应综合能力的活动：它要脑力，它要体力；它要智商，它要情商；它要个体拼杀，它要群体协作……

祸起课堂

刚听完辩论赛，接到德育办打来的电话说：阳阳和老师发生了冲突，老师打了他，现在情绪很大，成鹰和好几个学生也很激动。我听后在想：阳阳自来学校后一直很安静，像女孩子一样；这位老师是性格好得不能再好的，怎会起战火呢？

我来到德育办，学生围了一堆在那。看到我就说：老师打了人，阳阳被打了！大有要讨还个公道之势。

我径直走到阳阳和成鹰面前说："来，我先送你们去看伤！"阳阳说不用看，没伤到哪，只是打了一个耳光。

"哦，只打了一耳光，要我就不会了，要么不动手，动手就把屁股打开花！"我半真半假地说道。"不过老师也蠢，又不是自己的儿子，那么急干吗呢？"我略带惋惜地说道。

"老师打人不对，应该向你道歉。我作为班主任也有错，先代老师向你道歉！"我转过身来对其他同学说，"你们是要跟老师打一架呢，还是要怎样？"他们说，只是想看看如何处理。

这种事处理很简单："辞退老师，劝退学生！"

"啊，不会吧？"学生一齐叫起来，"他真的对我们很好的！"

我要其他学生回寝室休息！德育办老师说已经通知了家长，家长快到了。我说这件事我来处理。

我将他们带到我办公室，要他把经过说一遍。他开口就说是他错了，他连续几节课在玩同学出的"游戏智力题"，老师制止一遍又一遍，他都没听，还和旁边的凯沛讨论，影响课堂。最后一次，老师把他玩的游戏纸片收了，他骂老师是个"宝"，老师就顺手给了他一下。

"你这段时间表现不错的，为什么突然会这样呢？"

"我也不知道怎么回事，成鹰他们搞辩论赛去了，我也想放松放松，但一玩游戏，我就不知道自己在做什么了。成鹰他们一回来听到我被打，也没问什么就到了德育办——"

"你们认为怎样处理呢？"

"我们去跟老师道歉！"

"是真心的吗？"

"真的，我太冲动了！"成鹰也跟着说。这时成鹰的父亲赶过来了。左一个对不起，右一个对不起的。老师、学生、家长互相道歉，并商讨了继续教育的方案。

让爱智慧

学生日记中评价了这件事：一日为师，终身为父，学生骂老师总是不对的。何况他是真的关心你，不然关他什么事。

一切处理完后，我又单独和成鹰聊了一会。

"阳阳这段时间很安静，学习也比较努力，每天都跟着你一道补课，已经很不错了。但要完全适应过来，作为好朋友的你要多多关心。'成鹰他们搞辩论赛去了，我也想放松'，他缺少与大家的交流，你要多邀请他活动活动，集体活动可以让他开朗起来，开朗起来就容易与大家相处。只要他感觉周围朋友很多，关心他的人很多，生活就会快乐起来，对网络的依恋就自然淡了、少了。如果发现他还有其他的想法，就多开导开导他，觉得问题比较大，就跟老师讲。"

成鹰告诉我："阳阳特别聪明，很多东西他一学就会，可对读书信心不足。"

"如果是这样，你要更加严格要求自己，先让自己优秀起来，给好朋友做个榜样，坚定他也能学好的信心。"

> 友谊是一种生活添加剂，它由理解、支持、关爱和原则构成。

3月17日 星期五 晴

别让资源白流

昨晚的事情虽然处理了，但影响是有的。为了让师生间感情能更融洽一些，能让学生更明白老师的愿望，我在第四节课召开了一个班会。全体任课老师都参加了。

主题：珍惜资源，无愧自我。

目的：协助学生进一步提高。

内容：正视问题，明确期考目标，制定系列措施。

通过交流让学生明白，老师管你，是真心关心你。并且明确地说，老师打人是违法的，但如果放弃学生，学生违纪也不管，那也就违背了教师的职责。遇到三番五次不听课、不认真，影响同学的学生应该怎样处理？学生异口同声："赶出教室！"我说那还是放弃了学生。"只有一个办法，请老师打！"学生笑着说。

班会融洽了师生感情，也提高了师生的认识。老师应真心关心学生，学生要真诚尊敬老师。

晚上，高中部召开了高一年级月考总结会，高凡同学作为三个学生代表之一发了言，内容提纲如下：

四个珍惜：

珍惜优秀的老师资源。我校的老师个个都是优秀的，他们从来不会把实验班的学生当天才教，更不会把普通班的学生当差生教！每个老师都是有问必答、有求必应。有这样的老师，我们还怕有什么学不懂呢？

珍惜珍贵的同伴友谊。大家从五湖四海来到这里，这是一种缘分。我们再同一个餐厅用餐，在同一个校园长大，就像兄弟姐妹，有什么矛盾不能友好解决呢？退一步海阔天空。让我们珍惜在一起的每分每秒吧！

珍惜严格的管理体制。纪律一制定出来，就有它的合理性。西点军校为什么能够成为品牌，就是因为它有铁的纪律。纪律只是用来约束那些须要约束的人。如果你觉得被条条框框约束，那么请你珍惜，因为"逼"是一种手段，"逼"也是一种过程，"逼"更是一种境界。古人说："矫枉就必须过正。"

珍惜父母的恩惠赐予。如果没有父母的血汗钱，我们不会有这么好的机会来到学校学习、成长。我来此的目标就是上中国一流的美院，以此回报我的父母，回报老师，回报我们的祖国。当然，这很难！但我坚信我一定能够达到！

三个抓住：

抓住课堂，充实自己。课堂出效率！成绩好的同学不就是充分利用了课堂吗？

抓住活动，展示自己。我们的学校是一个注重高素质教育的学校，学校里经常开展有利于我们身心健康的活动，比如体育节、艺术节、读书节、科技节、球类、棋类等等。充分利用学校给予我们的这些机会吧！相信自己，我们会是最棒的。

抓住时间，强大自己。我们有什么不能，又有什么不行？抓住从我们手指间流逝的时间，我们就一定能，就一定行！

陶老师，我经常让爸妈失望，觉得自己很对不起他们，我觉得这个学期我比以前努力了，但我认为还不够，我想努力把每件事情都做好，但有点力不从心。希望你能帮助我，我知道自己可能会坚持不下来，会令你失望，在这里先拜托！我也不想让爸妈再伤心了。（苗曦）

今天数学课我觉得我听懂了，但是在晚自习的时候，还是有题目不知道怎么做，做起题目来有点郁闷。我现在不怎么想去问数学老师，因为我觉得自己把不会做的做出来，这样才觉得印象深刻、有成就感。当然，一些很难的，实在不知道的就只有去问了。（雷一正）

让爱智慧

今天又去录了节目，只用了一节半课就完成了（因为之前大家都去录音了）。对自己表现还满意，老师也觉得我进步了。我这是第六次做节目，经验在一步步增长着。我想，只要自己努力就行。

这几天学习不怎么认真，现在作业不会做，满心的后悔。我原以为看看书就会的，没想到我错了。我第一次从内心为没听课后悔，然后开始厌恶自己。以后再也不能容忍自己犯下这么蠢的错误，那等于在扼杀自己的生命。我不期盼自己可以活多久，只希望自己把每天过好。我的生活开始有规律了，或许在别人眼中那是一种机械的东西。但对于我而言，中午、晚上多看一下书似乎变成了一种快乐。

今天我要惩罚自己：对于这几天花了时间，但没有收获、没有用心的学习来说，罚自己以后多做练习。

我说到做到。因为强者是不会对自己食言的。（敏纯）

足球赛，初场告捷

同学们盼望已久的足球赛，终于轮到我们班了。第七节课一下课，除了打扫卫生的，都往赛场上跑。

星期六第八节课是班主任开会，我没能前往观看。散会后，我就急着往球场走，老远就听见有学生在喊：陶老师来了！

日记里，同学们记载了他们的兴奋、激动和思考……

今天对手是3班，也是买了球服的班级。2:1获胜。

初场告捷，衷心希望一切都有这种冲劲！正如成鹰同学写的：我们如果在学习上也有这样的拼劲，就真的让别人刮目相看了。

站在高处时，千万记住：头别晕，脚要踏实。

3月18日 星期六 晴

真正的父爱是什么

星期六，晚上英语周考。开考不到半个小时，教室里响起悠扬的手机铃声，尽管声音很小很小，但很清晰。

学生很紧张，迅速去关掉，但因为紧张反而不能迅速关掉。

我辨明声音来处，要他将手机交到讲桌上来。

学生说不是手机。

我知道是手机，而且我真的很生气，但我给了他时间考虑要不要交。

几分钟后，他在同学的劝说下，将手机交到了桌上。

他说，他怕我不再给他。因为他这是第三次。

这个同学的手机本学期我已经收了两次了，第二次是我交给他父亲带回去了的。只两个星期，现在又到了他手上，无疑是他父亲送过来的。今天下午他的父亲到过学校！

为什么别的同学的放在生活老师那里，我当没看见，而他的我要这样坚持？

不是不公，而是学生个性差异使然。

我原谅学生，他没错！

错在我们这些监护之人、教育之人！

真正的老师是什么？

真正的父爱是什么？

作为老师的我们，会一如既往地严格教导，尽可能地培养他成人成才，因为他应该能够成才！

作为家长的您呢？

爱要理智！

上学期开学因打架事件被调到10班。经过一个多学期的适应，我有所感悟。中途的点点滴滴，到现在为止，依然浮现在脑海。每一幅画面都很清楚，清楚得让我能够在脑海中看清每个人脸上的表情和神态。

在班上被"骂"得最多的就是我。那时候不知道陶老师的用心良苦，虽然大事不多，却琐事不断。她最烦的是别人到她那去告状，而我一个错误不断的人，又有那么多的人都认识我，只要有一点风吹草动，就会向她报告。每次当她很严肃地批评我的时候，我总会觉得她很不尊重我，不给我面子。却哪里知道她的心比我还难过，哪里知道我对她伤害得更深！一个被她如此培养的人，竟如此的令她失望。人的期望也是有限的，当这个时候，别人也可能选择放弃……只是那时的我，真的太幼稚了，什么都不懂。她一次次的原谅、一次次的包容，终于触动了我的无知。

我曾是一个走读生，读过公立学校，走过很多地方，接触过很多老师，却没有一个老师能改变我。只要老师说的就都可以不听，说多了反而让我很烦躁。每次我犯错，老师都是严肃批评，完了就什么都没了。大概我是习惯了这种生活——本来就是一个坏学生，怎么可能不犯错。但她，同样的批评，她却不会说我的学习，只教我做人。不会只是随便骂骂，而是要特别大张旗鼓的当着很多人的面，把我说得无地自容。我最怕这点，她知道！但她就是要这样！有同学问她，为什么对我方式不同？她笑笑，说这是治我的最好方法。

今晚，我又犯了个犯过 N 次的错误，她"骂"得更绝了，连我爸妈都讲到了。我的心里非常的愤怒，可当我看着她的眼睛的时候，却发现了一样东西，那是我从来没有在任何一个老师的眼中看见过的……那只有在我的父母眼中才看得到的……

我震撼了，从心里……

陶老师，谢谢你的爱，谢谢你那么的执著地教育我。真正的情感教育彻底把我征服了！

这次，我不再是长大、懂事了，而会真正地蜕变！（符丹）

3月19日 星期日 雪

平平静静诉真心

说说心里话吧，对未来我一点把握也没有。不知道自己数学、英语能不能赶上，能不能考上理想的学校，前途怎么样？很多时候总喜欢胡思乱想，担心这担心那。道理我都明白，却不是时刻都保持清醒，总需要别人不停地提醒我，甚至压迫我，才会往前走。面对这样的自己，超级郁闷的。

有时候我很怕您，有时候又很敬佩您，更多的时候，则是感激您。

也希望，我能一直这样下去，尽自己努力坚持下去。（苗曦）

这段时间，我每天 5 点 40 分就起床，整理到 5 点 50 分的时候刚好开门，读 40 分钟的英语，早点起来读书记得还蛮快的。这是自己挤出休息时间来读书的，如果不努力就浪费了。

我也慢慢地喜欢早起，想超越自我。

可是，感觉努力了一段时间，好像没有作用。其实，我明白，读书也不是一天两天能搞好的事，可是心总有些急。读书以来第一次被学习压得喘不过来，就是来到了这里我才真正开始读书。加上身边的人都很努力，自己也不想落后吧！这也证明了我还是有药可救的。在您这么严格的管教下，我感受到这才是真正的读书、真

正的拼搏！学会了，也长大了。（慕华）

两个学生的日记，平平静静地道来，有忧虑，亦有期盼。那文中流露的真情，使我更添责任感。

3月21日 星期二 晴转小雨

不拖堂是常规

《师说》一课的学习我做了下列要求：

读《师说》赏《师说》：说说文章结构有何特色？文章是怎样进行对比论证的？《师说》中的内容，可作哪些主题作文的材料？

我这样安排，是想让学生在不经意中能明白议论文怎样布局谋篇，在熟读课文的基础上能了解赏析文章有哪些主要手法，能通过熟记些名言警句为写作提供材料。

教室里书声琅琅。20分钟后，我将文章梳理了一遍，并用数学式推理表现了结构，又用赏析式语言作了描述。这样一来，学生对文章也熟知了不少。在此基础上，我要学生赏析文中对比论证的特色，先将一组一组的对比挑出来，读一读，想想这样对比的目的是什么，这样写有什么好处？

我对自己有个要求，凡要求学生背诵的篇目，上课时尽可能不带书。这样就逼着自己不断记忆、不断巩固，讲起课来也就信手自然，说起来就能思畅口顺。

师生正在醋畅时，下课铃响了，我一句话还没说完，就宣布了下课！

许多个同学望着我笑！还有几个要我讲完！我也笑笑，但不！

这是我的习惯，多年来从未拖过堂，哪怕一个字！

高一、高二这次不大休，所以都在上课。学生虽有点儿情绪，但安定了也还可以。他们还能悟出其中的优势：

大休了，整个学校在这个时候显得格外的安静、格外的空旷，还未放晴的天空，今天很意外地给我们一个很大惊喜。太阳暖暖地照在我的身上，好舒服哦！天气仿佛要越变越好了，呵呵，希望每天都是好天气！因为天气好，心情也特好！上课也听得挺开心的！其实我觉得补课的日子也过得挺不错的！因为整个学校特别安静，没有一点嘈杂的声音，学东西也觉得容易一些。

我觉得我们应该保持良好的心态去面对每一天，只有保持好心态，我们才会有动力把心思全部扑在学习上，才不至于分心。（敏纯）

"万物静观皆自得"，风景是要静心才能品出味来的。

3月27日 星期一

英语辩论初显身手

国际部已下挑战书，要与10班进行英语辩论赛。今天第八节班团活动课，高一10班和高一5班进行了以网络是否有利于人际交往为话题的英语辩论热身赛。

初次用英语作为辩论语言，辩手们虽然胆小，却也放得开。两个班观战的同学听得来劲，掌声热烈而真诚。高一10班一辩符丹，二辩游澳，三辩金昭锡，四辩金岭。高一5班学生水平高一些，发挥也不错，给10班学生极大的鞭策。

3月28日 星期二 晴

10班的孩子好有感情

盼望已久的春游，今日得以成行。学生自己分了组，我确定了组长和督导。学生说，我们不会违纪的，老师们尽管放松。

第一活动组：组长成鹰、吕欧

第二活动组：组长清逸、随风

第三活动组：组长游澳、符丹

游玩时，学生争相请老师加入，着实令人欣慰。

接着就是烧烤。谁生火，谁买菜，谁借工具……组长安排得井井有条。

老师们也分别和多组学生坐在一起，我作壁上观，东瞧瞧西看看。只听到"老师，你别动，我们孝敬你"的笑闹声不断。

香味儿逐渐浓起来，成鹰他们那组最快。只见阳阳双手举起一串烤肉送到了老师手上，我心里一热：几天前，阳阳曾因不听教导而被那位老师甩了一下。现在，学生那样挚诚地奉上亲手烤的第一串，我由衷欣慰。

也许学生们都计划好了，也许是受阳阳的感染，烧烤半个多钟头了，我竟发现还有很多个同学自己还没吃一点，有的是烤好就送给了分在其他班的任课教师！还有的专做服务性工作，自己却没顾上；文铭摄影，这里拍那里拍，来不及烤，同学就送了上来。

领导、老师们由衷赞道：10班的孩子好有感情！

随着烧烤的火势越来越旺，气氛也越来越好，我发现成鹰和阳阳又去买东西，一问，说是买可乐。几分钟后，我注意到成鹰提了个塑料袋，分量不轻。我不想怀疑那是啤酒，但直觉告诉我，那一定是啤酒。我于是走过去："你们买了可乐，怎不送我一瓶，太不够意思了！"成鹰抢先说："好，我去买！"说着就起身跑开了。我就在他的座位下拿出了刚买来的那一袋，一看，果然是听装啤酒，就叫人换了。

酒，是学生违禁物品。十六七岁的男孩在兴头上，想喝一点也未尝不可。但如果这样，他们就无法真正成为具有很强自控能力的人。老师必须原则性强点，灵敏度高点，处理技巧点！

这次春游，我们获得最佳组织奖！

让爱智慧

第七章

4月2日—4月28日

且夫水之积也不厚，则其负大舟也无力。覆杯水于坳堂之上，则芥为之舟，置杯焉则胶，水浅而舟大也。风之积也不厚，则其负大翼也无力。故九万里则风斯在下矣，而后乃今培风；背负青天而莫之夭阏者，而后乃今将图南。

——《庄子·逍遥游》

"逼"着上，没有做不到的

一大早，高一1班小宁和宇诗等4名同学要问我一些有关"高中生异性交往是否有利"的问题，他们班下午要与2班对阵（中文）。我告诉他们等上午第三节课10班与国际部进行英语辩论赛后再来。他们说要跟着一道去旁听，积累经验。

第三节课，全班同学来到了辩论场，国际部早已布置好了一切。评委大多是外教。对方一辩是名外籍学生。

阵势有点压人，10班四位辩手稍有点紧张，他们都在深呼吸。负责拍摄的是我班文铭，他移过来对我说，我班辩手在发抖！我笑笑低声说：开始了就好了！

主持人宣布开始，只见我方一辩符丹流畅陈词，脱稿却非背诵，语气语调平稳，陈词有力。对方一辩可能更加谨慎，拿着稿子对着讲，语音纯正。这既给了我们学生压力，也提高了我们的自信。从他们脸上可看出：没什么可怕的！

接下来，游澳、金昭锡、金岭他们更加投入，因准备比较充分，反应就比较快捷，有辩论意识，呈现出很不错的辩论技巧，协作能力也还不错，较上次英语辩论有质的飞跃。

"逼"着上，没有什么做不到的！

小宁他们请我班协助来场"高中生异性交往是否有利"热身辩论。10班选了4人为主，全体同学参加的群赛，旨在多提出一些见解。地点在10班教室，形式自由，氛围好，参与度高，陈词、提问、答问均有独到见解。

晏老师给他们谈了许多个人的见解和策略。最后我给他们再次讲了辩论取胜的一个很重要的因素：不在于你滔滔不绝，也不在于你慷慨激昂，而在于你能不能说服大家、说服评委，你的理由是什么。辩论时一定要保持平和，不论是发言的时候还是提问的时候都要保持平和！

学生能快速成长是因为学生自愿快速成长，老师只要提供让他成长的机会就行了！

网上留言

◆某家长：老师很多，但感觉，能够真正用系统的教育思想教育学生的不多。教育的目的是要培养对社会有用的人，从这个角度讲，教育本身是有社会功利性的；但是，在如何处理社会功利和高考应试这一短期功利的过程中，很少有老师会把自己个人的教育思想与教育活动结合得天衣无缝——也许正是优秀老师不多的缘故吧！所以有的老师受制于应试教育的不断拖累，基本没有自己的教育思想，也难得找到教育本身的意义和乐趣。

从这个网页上，我看到了教育思想和教育活动的结合过程，也看到了陶老师对教育的乐趣，所以这个网页取名"教育实践活动"是有其内涵的！

当荆棘满途时，越过去就是奇观。

4月6日 星期四 阴

什么是魅力

魅力，可以咄咄逼人，可以愤怒，可以叛逆，可以顽皮，可以喧嚣，可以隐逸，可以惊鸿一瞥，可以天然去雕饰……这几天，学生练习以"魅力"为话题的作文。我特选了高三理7班学生的《如一场怪异的风》给大家参考，以此引导他们认识魅力，逐渐形成自己的魅力。

如一场怪异的风
一丈丝纶一寸钩，一人独钓一江秋

——题记

如一场怪异的风吹过，南华秋水我知鱼；如一场怪异的风飘过，蓬莱文章建安骨；如一场怪异的风滑过，古来圣贤皆寂寞。

面对他们，我总虔敬得不愿下笔；面对他们，我总沉重得不忍回忆；面对他们，我总平庸得不敢仰视。风度，风采，风韵，风姿，风骨……有太多的"风"可用来形容他们；他们自身也像一场怪异的风，凭空地刮过了，似乎什么都没有留下，只卷起尘世漫天尘埃；又似乎什么都留下了，嗅一嗅，空气中满是风的味道。他们的魅力，似乎就在于他们的"怪异"；他们或许永远不会得到一时的狂热追捧，但总会深深沁入每个人的心灵、每代人的灵魂。

"以无厚入有间，恢恢乎其于游刃必有余地矣！是以十九年而刀刃若新发于硎。"，这是游刃有余的庄子；"愿以境内事累矣！"，而"持竿不顾"，这是"曳尾于涂中"的庄子；"水击三千里，抟扶摇而上者九万里"，这是逍遥游的庄子……一个拒绝权势媒聘的隐者，一个时代的异类，刮过一场怪异的风，杳然不可寻觅，但那"天地与我并生，而万物与我为一"的魅力却永存。

"龙章凤姿，天质自然"，再华美的词章形容嵇康也不为过。"叔夜之为人也，岩岩若孤松之独立；其醉也，巍峨若玉山之将崩"，然而世间竟容不下这样的完美，随着一声"《广陵散》于今绝矣"的喟叹，他从容赴死。他力图圆通而处处分裂，追慕宁静却浑身焦灼；但他却以生命为代价，标记出文人的独立人格——他魅力永存。这又是一场怪异的风。

历史上谁比让力士脱靴、杨国忠捧墨的他更潇洒？"笼天地于形内，挫万物于笔端"的笔力背后，是"安能摧眉折腰事权贵"的不羁，是"我辈岂是蓬蒿人"的狂傲。但天下又有谁不惊美于他的才情，折服于他的自傲？最后，天真的诗人浪漫地抱着月亮沉沉睡去。如一颗流星划过天际，引得世人驻足仰视；如一场怪风横空出世，吹得世人心潮起伏。率真如婴儿，自由如苍鹰，这或许就是太白的魅力。

一场场怪异的风掠过大地，一个个独立的灵魂孤独行走。从此，跋涉在生命路上的人们总会想起他们。当饮弹的马儿摇摇晃晃，流血的坐骑冲向黑夜时，绝望的骑手总想起这些伟大的灵魂，于是更加坚定地迈向深渊，迈向痛苦，迈向死亡。

唉！好一场怪异的风，好一些孤独的骑士，好一些魅力永存的灵魂。

半亩方塘一鉴开，天光云影共徘徊。问渠那得清如许，为有源头活水来。（朱熹《活水亭观书有感》）

心不累身就难累

网上留言

◆成鹰：陶老师，我知道，最近您很忙，您对工作和学生都很负责，所以您每天晚上基本都要11点以后才能回宿舍，每次我们晚上聊天到11点多，在寝室楼下还能看见你的身影。也许别人看不出，您虽然表面上是那么的坚强，但是我看得出，上次春游，您在车上，两次都累得闭上眼睛，加上学校的其他活动，您太辛苦了！我希望，班上同学互相帮助，让您这两个月尽量地轻松点。我这一向没写日记，是因为自己懒，不好意思，谢谢您对我说的那句意味深长的话——"进与退都在自己的掌握中"！

◆少玉：还好，感觉学生都很懂事，也比较听话，好像也很关心理解你的！值得！再讲一次——抓住一切可以休息的时间休息！

◆妙如：我能休息的时间都休息了，你看车上的时间都没浪费！

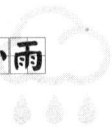

学以致用，活学活用

"人以铜为镜，可以正衣冠；以古为镜，可以见兴替；以人为镜，可以知得失。魏徵没，朕亡一镜矣！"爱国，是为国之计长远；忠君，是为君之国稳固。

我们是爱国的，我们也是爱家、爱父母的，我们是爱同学、爱朋友的，我们也是爱校、爱老师的。可是，我们往往有些情绪，它叫做"烦躁"，叫做"郁闷"，叫做"孤独"，叫做"寂寞"，叫做"空虚"。总有一种心理，认为别人不理解你，于是又出现了"叛逆"。

为了自己舒畅，为了他人快乐，为了环境和谐，让我们静下心来，找一找原因，想一想办法！

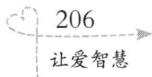

学学魏征的手法，以《谏书》为题写一篇800左右的议论文。

要求：观点鲜明、正确；结构严谨、新颖；材料翔实有力；言辞含蓄恳切。写完文章后，自己写下写作目的、思路。

"文为事而作，诗为情而发。"要想让学生学做真人，先定要让他叙真事，抒真情，发真意。

4月9日 星期日 晴

谏同学书

谏同学书

——拥有一颗宽容的心

成靖

俗话说：海纳百川，有容乃大。在生活学习中，容忍一下别人的过错，又有何不可呢？同学们，我们每天生活在"小肚鸡肠"的环境中，难道不感到累吗？每天因一些鸡毛蒜皮小事而与人发生争吵，你们不觉得很烦吗？古今中外，都是"宰相肚里能撑船"的人常乐。我们应拥有一颗宽容的心。

有这样一则故事：有一次，列夫·托尔斯泰乘火车，遇到一位女士从汽车上走出来，叫了一声："老头儿！快替我到候车室把我的手提包取来。"托尔斯泰把手提包拿来以后，就送给了那位女士，女士还嫌慢，丢给托尔斯泰一块硬币，托尔斯泰没说什么，只是微笑着拾起硬币。

这则故事说明了宽以待人快乐自己的道理。同学们，试想一下，一位名人被别人当作佣人般呼来唤去，如果没有一颗宽容的心，心里会有多么不爽啊！

人们常说："忍一时风平浪静，退一步海阔天空。"所以，人们拥有一颗宽容的心就能天下太平。

想必大家还记得蔺相如和廉颇的故事吧！只因为护驾有功，蔺相如的官位扶摇直上，这引起廉颇的嫉妒和不满。而蔺相如面对廉颇的无理取闹，笑而避之，就此引出了"负荆请罪"这一段佳话。同学们，如果我们都像蔺相如一样有一颗宽容的心，那将会免去多少的打架事件呢？

又有俗话说"有缘千里来相会，无缘对面不相识"，既然我们都聚在一起，那就是一种难得的缘分。既然难得，那么为何我们不给身边的同学、朋友、老师多一些理解，多一些宽容呢?

人与人之间的交往应该多一些理解和宽容。只有这样，我们才会感觉非常轻松自在，才会活得更快乐。正像俗语说的"宽以待人，快乐自己"。无论别人怎样对你无理，你都要保持一颗宽容而平静的心，用宽容的胸怀去处理事情。而且在生活中，我们要大胆地面对现实，宽容一点，去包容别人、善待他人。

当然，面对违纪违法行为我们当挺身而出。

最后，我希望我们每个人都以一颗宽容的心去善待周围的事，就像弥勒佛像旁的对联写的一样"开口便笑笑古笑今凡事付之一笑　大肚能容容天容地于人无所不容"。那么，我们的社会就会变得更加美好和谐。

自评：我写这篇文章的目的是告诉同学要拥有一颗宽容的心。

文章类型是议论文，主要采用了两种论证方法：一是举例论证，二是道理论证。文章中有几句名言或俗语，这使得文章具有点文采。

文章还有几个缺点：一是段与段之间的逻辑性还不够强；二是举例之后的议论较少。这两点如果改正，文章将变得更好。

给自己的建议：如果能运用正反对比论证的方法，文章将更吸引人。

网上留言

◆成靖家长：成靖这篇文章还不错，要再接再厉，把文章写得更好更完美!加油!

◆符丹：离期中考试越来越近了，任务也慢慢地变大。十天的时间一下就过去了，下晚自习后回去再"奋斗"的计划也泡汤了，生活老师房里的灯坏了，看不成书。

这段时间还有点小烦恼，不过相对学习上的任务来说，当然还是学习第一。在生活中每天的感悟或者说一瞬间的东西，希望将它整理并留下。

原来，一个事物在某个时刻或者某个状态下需要的物质，与它在另一个时段的状态所需要的是不同的。人是矛盾的动物，我们的思想，每天都在发生"战争"，会有新的东西不断出现，当然这是一个人存活的标志。

现在成长这么快，而现在要做到的，那就只有认真学习，遵守纪律，少挨批评最好了!

道通天地有形外，思入风云变幻中。　（宋·程颢）

"另类"的思考

我们学校的春天是花的春天，尤其樱花烂漫。校长提议：让学生漫游山庄，亲近自然，感受春天。

高中部就在下午组织了这项活动。学生三三两两拍拍照，追追闹闹，游得尽兴。晚上日记大都记下了看到的自然美景和由此产生的感悟。但也有学生有另类的思考：

不知是何缘故，学校竟放半天假，让我们高一整个年级到山庄游玩一个下午，还美其名曰："找春天"！呵呵！说得跟什么一样。

同学们一出校门，那样子就像出了监狱一样的兴奋。一路走来，蹦蹦跳跳。一直走到山庄购物中心才停止步伐。大家蜂拥而入，里面顿时水泄不通，人声鼎沸。那老板自然是笑容满面。我还为他担心嘴巴会不会笑得开裂。

看着老板那神情，我还真有点怀疑是不是他特意让学校放我们半天假，让我们到他那去疯狂购物的。反正今天回去后就身无分文了，但心里还是比较高兴的，如果每个月都让我们这样出去一次那多好。春天找了，还可以找夏天……（晓波）

【妙如回复】晓波，一个人善于从另类角度来思考问题，那是他的可贵之处；但如果你不能按要求找来"春天"的话，"夏天"可就没你的份了哦！

视角决定气度

期中考试快到了，苦读从现在开始。从和2班一起住开始，我就明白：他们无时无刻不在苦读。这就是差距！

"社会永远敬重那些锲而不舍的奋斗者。奋斗而不等待，奋进而不畏缩，就捍卫了自己的尊严，维护了自己的人格。我始终深信的是只要精神不倒，就没有克服不了的困难；只要脊梁不弯，就没有扛不住的大山！"看了这段话，真的感触好深，是的，不要只问自己读了多少书，而要问问自己能做多少事。（高凡）

昨晚11点多，我去上厕所，看到3班寝室有光，上完厕所回来，还亮着，就上前看了看，不看不知道，一看真的让我吓倒。六个人都在拿着手电看书，累了就换个动作。我悄悄地回到寝室，心久久不能平静……（范典）

的确，从来就没有什么救世主，一切都靠自己！外因是变化的条件，内因才是变化的根本，学生也是明白的。可要减少悬殊，提高整体素质，这就需要教育，也就显示出教育的作用！

网上留言

◆少玉：也许有人说，让自己毫无退路，那是愚蠢至极的行为。但是，每个人都有属于自己的做事原则，我喜欢翻墙的时候先把帽子扔过去，不给自己丝毫退缩的余地，那样，无论我做什么，只要下定了决心，我就会勇往直前的奋斗！

◆凯沛家长：好久没有静下心来留言，读陶老师整理的这些文字和学生的言论，感受颇深。不知道所反映的是理想的教育还是教育的理想，其实不管是哪种情形都是很理想的；也不知道这是一个现代孔子和弟子们的生活画景还是一种理想教育画景，其实达成画景的过程比画景本身更有意义。祝您内心期望和文字描述过的那种教育思想和目标能够实现！

◆范典：人与人有差距，差距也从自己而产生，只有努力地发现差距，才能更好地减少自己和他人的差距。

◆云中一缕：东方的审美是这样的，留有余地，以便进退。进退有余是中国传统的中庸哲学。阳光进入黑洞是阳光的悲哀，也是无可抗拒的宿命，但阳光绝对不会因为有了危险而放弃明亮、放弃照耀；我们生活中也有太多的黑洞，它吞噬了温暖和微笑，但我们绝对不会因为有了黑洞而少了阳光，甚至拒绝阳光。

这是性格分裂吗

　　我突然发现我的性格有点分裂，要不就偏激，要不然就抑郁，活人感觉都怪怪的，而且在我不偏激又不抑郁的时候，我就觉得自己处在一种非常尴尬的状态。在这种状态的时候，我甚至连笑一下都会觉得很勉强，反正就是"皮笑肉不笑"。就因为这些，班上好多女生都说我像个白痴。嗯，很郁闷，所以请陶老师您帮我分析一下，看看能怎么改善一下。我这个样子今后在大学里肯定找不到女朋友，呵呵，帮帮忙啦。（童济）

　　【妙如回复】我认为你这不是"分裂"，而是很长时间受到某种环境影响而形成的一种压抑表现。希望受到关注，但没有受到关注；希望出现奇迹，却没出现奇迹；希望一展雄风，却痛感机会难觅。久而久之，自信心得不到巩固，内驱力却要支持，坚强与软弱同在，退缩与奋进相存，这样矛盾不断变化，就形成了你丰富的个性。这是一笔财富。是财富就得注意使用。能够让财富发挥最大效应的方法我不知道，但我可以给你讲几个小故事：

自己就是主宰

　　一天，一个东求西拜希望得到别人帮助的人处处碰壁，最后走到一个庙里去求菩萨，进门就拜，三拜之后刚准备起身，突然一声响，一大块石膏从菩萨身上掉了下来。这人一惊，是菩萨显灵告诉我：我一定会"一鸣惊人"，还是——他眼睛停在了左边的立柱上，只见："我若有灵也不致灰尘处处堆皮肉块块落"，再看右边"汝当顿悟须知道勤俭般般有懒惰件件无"。这人恍然大悟，求人不如求己。日后果然有成。奇迹就在自己的探求中，风光就在自己的奋斗里。机遇只奉献给有准备的头脑！

宽容就会轻松

　　一天，一个人当着释迦牟尼的面，心怀叵测地破口大骂。然而，不管他的态度如何恶劣，出语如何肮脏，释迦牟尼始终一言不发，微笑着面对他。等他骂累了停下来时，释迦牟尼才开口轻声问他："我的朋友，如果有人要送礼物给别人，可是别人并不接受，请问，礼物该属于谁？"那人没有想到释迦牟尼有此一问，便不假思索地回答说："对方既然不愿意接受，当然仍属于送礼的人。"释迦牟尼继续微笑着说："你刚才的言语我不接受，那么，这些谩骂之词又属于谁呢？"

你就是最强的人

一天，一个小孩哭着跟妈妈说，他周围的人都比他强，谁字比他好，谁成绩比他优秀，谁篮球打得好，谁体育是全能。他说他什么都不如人。他妈妈问他，你恨他们吗？孩子说，不恨，但心有不甘！妈妈说，你估计一下，如果你通过努力，有哪些方面可以赶上或超过他们？孩子说，学习我应该可以，长跑短跑我都应该会比他强！还有……也不会差到哪里去！妈妈最后说，孩子，相信自己，坚持努力，你就是最强的人！

一点点与众不同，其实就是你有别于他人的个性。如果都一样，你就不成其你了！

一点建议：有什么想法就说出来，和爸妈、老师、同学，或者在留言里，或者在日记里，或者在电话里。别积在心里，给你的创想实现的机会！

不管多难，只要我们有心去坚持，就可能克服！

多读书，"饥当肉兮寒当裘，足消孤寂遣幽忧"。

4月23日 星期日

"爱与责任"是作文永恒的主题

受语文组委托，与高中部被挑选参加市作文复赛的学生聊聊，我将自己对写作的一点体会垒了个别致的造型推荐给了学生，是个"大"字，也是个"人"字：

爱与责任
人——灵——情
大气　脱俗
手法新　内容新
角度巧　入口细　层次显　点面合

让爱智慧

在讲到选取角度时，我以第八届新概念作文大赛题二《人，为什么总在仰望》为题让学生思考。

"德国哲学家康德说，我们要敬畏'头顶上的星空和内心的道德律。'"小宁同学这样回答。

"地上有太多的不足"，"有太多的……"

他们选取的角度不同，所反映的主题也就不同，有的因敬畏，有的因追寻，有的……

这里要选好视角：俯视——平视——仰视。

子曰：言之无文，行而不远。思想和学问的传播要靠富有文采的文章。文章足以动人，其思想也就易于传播。

要做到：形象与逻辑互补（生动有理），长短与高低交互（声音节奏），心情与笔情合一（笔底流情）。

要善于观察、关注和发掘别人的写作方式，从而确定自己的写作特色即写作个性。多读名家名作。

教研组长李老师在黑板上用"取乎上得乎中，取乎中得乎下，取乎下得乎无"之语为"多读名家名作"一句提供了注脚。

> 开篇喜自得，一读疗沉疴。（王安石）

4月28日 星期五

期中自我总结

五一大休，同学们没有以往那种躁动，显得很平静，到底是长大了。整整80天没有回家，他们能不激动、能不思家？我问学生，他们回答：习惯了！知道什么时候走，就行！

上午，学生写期中考试总结。

明天就要回家了，大家都处于兴奋状态，可我，却一点也高兴不起来。

总的来说是因为这次考试，实在是一塌糊涂！与我以前的水平完全不能相比。

其实平心而论，这一个月中，我拿来复习文科的时间，顶多五天！其他的时间都无私贡献给了理科，因为以前理科就不好，所以想要在理科上寻求突破的发展，结果却令我大失所望，花了绝大精力的理科，却还是被别人甩开上百分；而文科方面，没花时间却大获丰收。

我就在想，为什么我在理科上的努力颗粒无收；而文科，我少有问津，却让我"喜"获丰收？心里安慰自己：你只是还没学好，再用点心，总有一天能搞上去的！

但那一天是哪一天？未知数……（雷一正）

这次考试虽说在别人的眼里，我好像考得很好，但我并不觉得，我觉得自己很失败，在父母的压迫下、对比下，我觉得自己很懦弱，很渺茫。

要放假了，但是不想回家，考试考得不好。其实，也就是自己不想面对。每次对自己的承诺都没有做到，然后觉得自己很失败，彻底对自己没话说。

成长就是要带着伤，带着伤飞翔。

有时候觉得希望对我来说似乎特别特别渺茫，我很怕累，所以就没有努力。也许从现在开始要觉悟了吧。

就算失望，也不能绝望！

考试退步了，我想爸爸妈妈会说我一些什么呢？他们最常说的就是一句：你开始考第一，现在第二，再后来就第五、第十，是吧，呵呵！我每次听了这句玩笑不像玩笑、批评不像批评的话，心里就好不爽。

我的成功，我的成果从来都不被他们认可，而我的失败往往被他们津津乐道。唉，我一定要好好努力，做到我的成功让他们称道，我的失败被他们认可。哼哼。

改变现状，塑造未来。（丑丑）

为期两天的期中考试以最后一门数学的结束落下帷幕。晚自习大家都显得非常轻松，但也有很多同学因为自己成绩的不理想显得有些郁郁不乐。

对于这次考试，我并没有完全把前段时间充分利用，我依然缺乏毅力，但我的确进步了。地理增加了20分，语文加了10分，不感兴趣的历史只20分。唉，多大的反差啊，还真是丢人。数学考试是我的一个大转折，卷子发下来，预感告诉我，应该不会差到哪里去！每道题目我都认真地思考，这样的感觉其实也不错啊！呵呵，我对数学燃起了希望之火。

希望接下来的一段时间可以克服困难，改掉坏毛病。

英语考试我觉得最糟糕，看着眼前的试卷，脑袋里全是问号，想动笔都不知道该从哪里下笔。看前、后、左、右，整间教室里一片茫然的表情，让我感受到大家和我一样的心情。

语文，这次并不难，我也很有信心有个满意的分数，结果只有102分。这个成绩我并不满意，因为我总以为每个题目都很有把握。结果，好多错都是因为粗心造成的。这些问题归根结底都是平时的努力不够。

让爱智慧

通过这次考试感觉自己没有掌握好学习方法，平时读书不够。总而言之，通过这次考试，我会虚心改正错误，在平时的学习当中，积累经验，把握好下一次考试。（敏纯）

哇！终于考试完了，一个多月的奋斗可以告一段落了，心情既平静又有形容不出的压力。有人问我，这次你考得这么好，下次怎么办？我只是笑了一下，然后回答："没有压力怎么会有动力？我的目标是复旦。"

很平常的一句话，我说出来，很多人都不大敢相信。可这句平常的话给我的压力却如此之大。以后的事我不敢确定，不知道自己的毅力到底可以支撑到什么时候？像我这样的人，如果要让自己提高到上等、得到优秀的成绩，其间的艰辛可以想象。我不怕吃苦，却害怕失败。

三节课的反思留给我太大的空间，只能说，现在留给我的没有后路，只有不断进步，不断地前进。真的，一路上有过很多次想放弃的念头，有太多的思想斗争，但发现动力源源不断，也发现自己还不是那么懒。（符丹）

两天时间，终于过去了，虽然考得有点想哭。

现在都很怕考数学了，感觉不错却还是不行，付出得不够啊，一件事情的结束便是另一件事情的开始，又要加把劲了，将努力堆积起来，总会成功的。

成绩都出来了，告诉了爸、妈，妈妈说爸爸还是很高兴，就是让我坚持下去。终于有点安慰了，又让爸妈对我放心些。我一定要再加油。让老爹对我充满信心，不能再让他失望了，不孝的女儿就做到这吧！

看到同学都那么努力，气氛真好，都有紧绷的感觉，动力也来了！（苗曦）

今天给爸爸打了个电话，汇报了一下我的成绩。他说有进步就好，继续努力，回家给我奖励。呵呵，他当时的口气听上去是那么亲切、那么高兴，我也很开心。以后一定要加倍努力，争取更大的飞跃，让全家人都为我感到自豪！（焦达）

第八章

5月8日—9月1日

物无非彼，物无非是。……是亦一无穷，非亦一无穷也。故曰：莫若以明。

——《庄子·齐物论》

事物没有不是"彼"的也没有不是"此"的。是的变化是无穷的，非的变化也是无穷的。所以说介入是非，不如用平静的心境去观察事物的真实情况。

给自己找个对手

7日，高一学生返校，晚上每个学生定了后阶段学习计划书。今天开了"给自己找个对手"的班会。

今天老师要我们每个同学都在班上或其他的班级中找一个对手，赶上并超过他。就如同给自己找定一个目标，然后达到就行。

人生不能没有目标。只有有了目标，人才会因它而奋斗。

这次月考还算考得可以，但成绩还不能算是"理想"。有幸得了班上第二后也不觉得高兴，因为这次分数与我的"梦想"差得太远了。我理应将"第一"作为目标而奋斗，但我又觉得我更应将自己定为目标。

人生中最大的敌人是自己，只有战胜了自己的人才能战胜他人。一山还有一山高，我们不管定多少次目标也只是为了战胜自己，战胜自己的畏惧、惰性、放任等一切不好的习惯，成就美好的人生。

人生的路是要靠自己来走的，不为别人，只为自己，为自己那颗奋斗不息的心。（芩儿）

在班上找一个学习上的竞争对手，呵，这我根本不需要动什么脑筋，我的对手当然是×××啦！上次考试他只凭借一分的优势便甩了我一个名次！我实在是不甘心，不就是英语比我好那么一点嘛，他平常睡得比我还狠！真是不公平啊！好，反正他数学不好，我就在这个月苦读数学，争取在数学这一科上就甩他百八十分！嘿嘿嘿嘿……（童济）

放假回来的第一天，一切还处于兴奋状态，虽然尽量控制自己的情绪，但是还会有点漂浮的味道。应该恢复到考试前的状态，一切安静下来，一直不停地积累，才会有好的效果。

接下来的任务就开始加重起来了。英语、数学需要突破，买来的课外教辅也要按时跟着做。

辉煌的人生靠自己创造！（符丹）

回到学校了，没有想象中的郁闷，我以为会非常舍不得家里，原来，也还好啦!

妈妈,这次在家和她聊了很多。才知道:我给予她的从来都只有无尽的担心,而妈妈却那么理解我,考试前紧张,她在电话那边细心地安慰"只要努力就好"。而回到家,才明白,以前我每次都说努力,每次带给母亲的失望,是多么巨大的一份伤痛。她现在唯一担心的就是我不听话、不努力。什么时候开始,我会这么来体谅妈妈?

从小到大,我都没挨过打。妈妈说都是爸爸宠的,而爸爸在我心中是严肃的,从来。他只是让我努力,也不会让我为别的事操心,家里所有的担子全被老爸一人背在肩上。对他,我只有无限的感激!我也应该更努力,将来就交给我了!(苗曦)

5月11日 星期四 晴

爱他,就给他一个台阶

晚餐时间,接到学生处老师电话:在餐厅发现成鹰袋子里有烟,但成鹰不肯交出来。

我要对方将电话给成鹰:"现在你身边有多少人?"

"同学全在这里吃饭。"

"有多少人知道学生处发现你有烟?"

"只有我们这一块的几个人。"

"如果你不将烟交出来,你认为学生处老师会怎样做?"

"想怎样做就怎样做!"

"既然你这样,无非就是要让所有同学知道你很跩。我告诉你一个方法:把烟拿出来,向所有同学说,'我有烟,学生处老师发现了,我就是不交。'试一试,效果肯定好。"

说完,我要他将电话还给学生处老师,并笑着对那位说:"成鹰既讲义气,又很要面子,还很犟,他知道不该,你还是给他一个台阶下吧!"

5月14日 星期日 晴

亲情在流淌

今天，是母亲节，接到了不在身边的女儿的问候，也接到在身边也似儿女的学生的问候。就在刚才，我收到了一束康乃馨，上面有字条——"祝陶妈妈：节日快乐，身体健康，天天开心！10班全体同学于母亲节"。

我很开心，我也很幸福！我衷心感谢孩子们的问候！同时也真诚地祝福他们的母亲健康、快乐！

母亲永远是我们最亲的人。母亲还在吃饭，可接到我的电话，从声音就可以听出她的高兴与激动。一声问候就能让母亲高兴半天……（晓波）

一个让孩子们懂得感恩的节日，一个亲情温暖流淌的节日……

5月17日 星期三 晴

黑板没有擦干净

今天因为擦黑板的事情，有学生在日记里谈了看法：

"细节决定境界"，从高一开学的第一天起，我们就认识了这句话，但认识并不代表了解。今天的一件小事让我懂得了它的含义。

第二节是语文课，上课后，老师拿起粉笔正准备写字时，手突然停下来了。黑板没擦干净！这是不允许的！很快，值日班长跑上去重新把黑板擦了一次。可从某些角度上来看，还不是很干净，在老师的要求下，同学终于把黑板擦干净了。

擦黑板一件这么简单的事，为什么要重复那么多次呢？这是从小事里训练细心、责任心！"一屋不扫，何以扫天下"就是这个道理吧！（晓波）

男女混合篮球赛

足球赛还没结束，高一三人男女篮球赛又开始了。

赛程40分钟，分四场，每场10分钟，一、二、四场男同学（不准同一人上两场），第三场女同学。

这种形式的比赛很好，让那些球技还可以但胆子太小的同学有表现的机会。而我班只有四个女孩儿，要上三个，一个替补，她们要打九场，这下过足了篮球瘾！

只要她们坚持上，不怕她们场场输！

女孩儿打篮球，那样子把观众的肚子都笑痛了。

今日赛况：赢。

昨晚一学生提问："感到有一种力不从心。没有主见的我，以后到了社会上怎么办？有许多我不愿意的事，在别人央求下，勉强地答应了。等到要履行诺言的时候，又不太舒服，使别人认为我是个不守承诺的人。可是倘若当时没答应，朋友又会生气，真是无形的强迫啊！我对这样的事情束手无策，搞得里外不像人。不知道再碰到这种情况该怎么处理才好。"

我在文后批了几个字：做自己，走自己的路！劝朋友，走共强之路。

今天，她就写道："终于做了这个决定，做了自己。但失去了承诺，也许这个代价太大，因为决定了，就回不了头了，关系就断了。有点心痛，不知是对是错。但心里没有压力了，轻松了许多。"

朋友间经常会有一些事情让你身不由己，要学会果断处理，既有利于自己，也有利于朋友。"日久见人心"，时间长了，朋友自会理解你的良苦用心。

晨跑"风波"

这几天，酷热。生活部供水也不到位，学生洗澡，要么只有热水，要么水量很小。这些个男孩那种烦躁就不用说了，稍碰一下都会点燃。

今早可以稍微休息一下，第二节课来到了教学区，刚到办公室，负责晨练的老师告诉我："成鹰他们几个跟德育主管顶起来了。"

"没有太出格的事吧？"

"你们班好像都没吃早餐。"

"哦？"

做完操，进教室，我问了几个人。

他们异口同声："不公！"

"就对我们一个班不公？"

体育委员站出来说，"我们班跑在最后，队伍又长，距离又短，还没跑什么就得停下来，停下来又要挨批评，一跑前面又不动，窝囊死了。每次吃饭轮到我们，像救火一样，稍慢一点上课又要迟到了。今天，我们就想超过前面的队伍，结果德育主管说我们不守纪律。我们就大声地叫起来——"

"哦？叫了之后舒服些了吗？问题解决了吗？"

"没有。德育主管还是不让我们跑到前面去，而且态度更严厉了。"

"是吧？我教你们两个办法：一、从明天早餐起继续绝食抗议，直到学校解决了问题为止。二、代校方拟一份晨跑方案，比如说以后各班可以轮流跑在最后，提出我们的具体困难，和学校沟通后解决。你们会选择哪一个？"

学生们笑了："我们选第二个！"

"那么现在应该怎么做？"

"等下我们就去向主管道歉！"

多么懂事的孩子！

5月27日 星期六 晴

昨晚，有人流泪了

昨晚，有人流泪了……是因为学习上给他带来的困扰，他无法解决。

他很想努力学习，但现实总是很残酷，因为他的底子太薄，很多地方他都不懂，这种痛苦我懂，我也能理解他是一种怎样的心情。人不伤心不流泪，是他日益成熟的思想唤醒了他内心对知识的渴望，可想做却没有实力，那种痛苦是可以想象的。但人不可以总被痛苦缠绕，苦难是任何一个人都必须经历的。面对它，不要感到困惑，也不要迷茫。如果挣脱不了束缚，就永远只能是失败者，只能是痛苦的牺牲品。

我们对生活也必须乐观，每个人都会面临生活所带来的困苦，不要在痛苦来临之后，一味地只知道压抑。长期的抑郁堆积起来，爆发后会很难收拾，只有乐观地面对，换个角度去思考，心情才会豁然开朗。

面对生活，我们无须逃避；面对学习，我们也不要惧怕；面对感情，我们要冷静处理。一个人，尽量把自己放到低一点的位置，那样你才能更坚实地往上走。（游澳）

5月28日 星期日 晴

学门技术也不错

星期日下午放假，阳阳高高兴兴地在我这里开了放行条，由家长接回去放松放松。

可是，晚自习，他没有按时返校。接到了家长的电话，家长说，阳阳不想来读书了，要我劝劝他。

我和阳阳通了电话。

阳阳说，他不会再玩网络游戏了，他知道了该怎样走以后的路，他基础太差了，现在坐在课堂里很多科目听不懂，等于是浪费时间。年纪也不小了，学一门技术，找份工作实在些。

我也谈了自己的看法：你的想法其实很好，并不是每个人只有读书这一条路走。只要自己明白今后的路该怎样走、怎样充实自己，适应社会，你就会获得成功。社会是所大学校，我相信你经过几年的历练自然会慢慢成熟起来，做最好的自己。如果以后有什么困惑，欢迎随时拨打老师的电话，或是到学校来找我。好好干，阳阳！

晚上，成鹰和我说，阳阳的"网瘾"已经戒掉了，现在打算去学一门技术，再找份工作，您就别再劝他了。

我笑说，我"劝"他了吗？我尊重每个人的选择，就像我尊重和信任你一样。

> 教育的意义是广泛的，成人比成绩更重要。

5月29日 星期一 晴

领先的感觉

因为学生们的建议（当然也有我的努力），晨跑，领导决定从最后一个班开始轮流领跑，我们班第一次跑在了最前面。学生在交流中写道：

啊，领先的感觉超好！我从来没有感觉过在前面的感觉会是这样好，回头看落在我们后面的人流，我一下子觉得自己高大起来了。领先的感觉真的好！老师，我会努力向上，争取各方面都领先的！（童济）

一个小小的调整，让学生尝到了领先的味道。他们在享受领先的感觉的同时，激发了超越的意识，看来任何一件小事都可以变成教育的良机。

几个粽子，一份真情

今天是端午节，学校食堂加了菜，学生都很高兴。

下午，我跑到外面买了几十个粽子和一些白糖。将粽子加热后在晚自习前提到了教室。

学生笑说：这是我一生中第一次吃老师送的粽子，嘿嘿，真好吃！

公共英语考试，官方结果：21人参考，9人通过。成鹰在通过之列。我告诉了他结果，他不相信，我将证书发给了他。

我了解到，上次他自己查成绩没过，现在想来定是记错了考号，但当时给了他很沉重的打击，因为潜心努力没有好结果，导致他这段时间学习劲头明显减退。而现在他发现过的人不多，自己竟过了关，看得出他又信心十足了。我只说了一句：皇天不负用功人，努力定会有佳绩。

学生们懂事了

我会继续努力，为自己，为爸妈，也不辜负你对我的期望。

以前，我从来没有过做作业做到不想进寝室，现在有了，妈妈告诉我是我发奋了，我真的很高兴，第一次小有成就感了。原来，我也可以让人催我才肯离开教室，原来我在被人拖拉着回寝室之后还能念念不忘那没做完的题，这一切的一切都是我不曾有，却想长期拥有的。

陶老师，虽然我比较难管，又没有毅力，你可不能放松我啊！（苗曦）

【妙如回复】只要你松懈我就会发现，谁叫我那么看重你呢？

有点想我的家人了，不知道他们现在好不好。以前真的从来没有想过这些所谓家中的琐事，也没怎么担心过他们。也许是人长大了，牵挂也跟着越来越多了。回忆起妈妈在身边对自己的唠叨，竟有点潸然泪下的感觉。爸爸更别说，过去的十七年，是被我气过来的十七年。呵，挺内疚的，原来每个人的心中都有一种责任感，只是潜伏在心灵的深处，很难被挖掘，随着时间的流逝，它会渐渐地浮出水面。

生命中，每个人的心灵深处都应该有一粒珍珠，它就是排除困难的毅力与智慧，它还是一份责任感。（符丹）

【妙如回复】当责任感升起的时候，就是你成熟了的标志。责任是支持你永远向前的精神长城。

这些天，发生了许多，也懂得了许多。陶老师，与您接触以来，您对我的关心与照顾，我能感受到。那种感觉，很亲切。而我，却因为太过"淘气"，让您操了太多的心。这些天看您身体也不大好，还来关心我，我的心中感慨很多。而这些感慨，无需明说，只需意会。我不会让您老在我身上操太多的心，所以，我向你保证：譬如讲"哥们"义气的那种事情在我身上不会再有。

也许我本来就天生好动吧，小错误太多了，尽量忍忍吧，呵呵。还有，为什么我的一些小违规，比如我才刚离开坐位，您就来了呢？我认真的时候却没来。难道您真的会心灵感应？太神奇了吧。（焦达）

【妙如回复】你这个学期很认真，至少最近一个月应该算是完全用心了。只要这样坚持，相信你会更好！我坚信！

你的优点我也看到了，我对其他同学说，焦达已非吴下阿蒙也！

学向勤中得，萤窗万卷书。（车胤）

6月3日 星期六 雨

斗志与斗气

这段时间班上这样或那样的事情不断，因为学生骨子里那种斗气的性格还是时不时被激起。今天要他们分清"斗志"与"斗气"的区别，然后写一篇作文。我选了高三一学生的作文示范。

此时无声胜有声

无所处，生命蓬勃生长。

——题记

一

斗气，不是展现骨气或力量，而是显现头脑的愚蠢和简单。

斗志，不是表示屈服或卑微，而是体现目光的长远和智慧。

"忍一时风平浪静，退一步海阔天空"，面对得寸进尺的逼迫，能选择斗志，而放弃斗气，这是一种风范，一种胸襟，一种宠辱不惊的风采，一种海纳百川的气度。

但，斗气还是斗志的抉择绝不仅仅只是襟怀。斗气是人生的一次强求，斗志是生命的一次退让。

二

强求只会倒退，退让才能前行，这样的选择需要智慧。

苏轼有过精辟的论述："古之所谓豪杰之士，必有过人之节，人情有所不能忍者。匹夫见辱，拔剑而起，挺身而斗，此不足为勇也。天下有大勇者，猝然临之而不惊，无故加之而不怒，此其所挟持者甚大，而其志甚远也。"

面对屈辱，面对诘难，庸人只会一跃而起，逞一时之威，奋一时之力，抒一时之愤，进行无谓的斗气；真的猛士，将更奋然而前行，于人于己在人生路上进行有所谓的长久的斗志。

因此，选择斗志不仅仅因为胸怀，更需要理想和智慧。

三

假若人们都选择斗气，又怎会有那么多生命的奇迹？

年少气盛的张子房面对圯上老人的"仆妾之役"，没有斗气，他深敛其桀骜之气，终成其"运筹帷幄之中，决胜千里之外"的谋略；贵为一国之君的郑伯肉袒牵羊以迎楚庄王，终以"能下人"的美誉保全国家的完整；越王勾践臣于吴国，替吴王牵马引路三年，终成就"三千越甲可吞吴"的霸业。假若他们选择斗气，他们或则无法成就惊天动地之业、经天纬地之才，或则国破家亡，泯然众人矣。

选择斗志，实则是放眼未来，以生命的沉静实现生命的积累，以生命的退让成就生命的进取，从而以柔克刚，以四两拨千斤。

四

项籍百战百胜，而轻用其锋；高祖养其全锋而待其取，最终一击克敌，一击致命，一击制胜。

生命中，我们又何妨选择沉默中的积淀，选择养全锋而一击制胜？

"宠辱不惊，闲看庭前花开花落；去留无意，漫随天际云卷云舒"。斗气是愚蠢

让爱智慧

的外现，斗志是智慧的外延。

生命中，沉默是金；生命中，此时无声胜有声。

6月10日 星期六 阴

谈意气

2006 年湖南高考作文题是"谈意气"。我让高一 10 班学生也谈了一下，他们有时太意气用事了。下面句子摘自学生吕欧的《谈意气》：

以个人的主观思想和主观情绪引导及处理事物，后果往往不堪设想。

在文明进化的过程中，我们创造了无数辉煌的成就，我们的大脑、我们的思想在不断的升华，但人类并没有完全摆脱兽性的困扰，每一次的怒火往往给我们灿烂的文明涂上点点黑斑。

改变一个人的是坚忍，成就一个人的是责任，完善一个人的是爱。

人最大的成功就是发现自己的缺点，而立即排除自己的弱点，这就是人的进步。

意气风发，掌握天下，对于成功人来说确实是这样。意气风发者，总能成大事。

网上留言

◆海雪：陶老师，我经过几个月的努力奋战，终于拿到了几大音乐学院的录取通知书！现在就等高考成绩了。虽然考试已经结束，但是我丝毫没有松懈，每天都安排得满满的，每天早上去老师那上音乐理论知识，下午弹吉他，傍晚还要练钢琴。其实这样天天学习，我并不厌烦，因为我很喜欢它们，虽然有点累，但是我很快乐！

7 月 24 日至 28 日，我又将代表湖南去参加在澳门举行的第二届世界国际音乐大赛总决选！在此谢谢陶老师对我无微不至的照顾，我一定不辜负您的期望，一定做出一番成绩给您看！

对您——我一直怀着一颗感恩的心！

6月18日 星期日 晴

成才不易，成人更难

今天，召开了"成才不易，成人更难"的主题班会。

简简单单的一个"成"字，经常写，谁又细细想过它的意义？"成"的右边是个"戈"字，在古代，"戈"字代表武器，想成人就必须要有思想武器和行为武器，首先要让自己深刻起来，但又必须丰厚起来，还要注意观察身边的人。我们现在正是充实自己的时候，错过了，就没机会了。

有正确思想的人一定是有包容心的人，是一个有情有义的人，有了情义，你也就拥有了感性和理性。学生时代的友情最纯洁，也是最有意义、最值得留恋的，当我们长大聚在一起回味学生时代的事时，那是多么幸福多么快乐的事啊！所以我们必须要珍惜同学之间的感情。

静能生慧，活能生机、生气、生动，所以现在正处于青少年的我们，个个都应该充满活力、充满生气。我们是年轻人，我们应当具有年轻人的朝气，每一天都要抬头挺胸、要有精神，这样才会让你更自信。

6月19日 星期一 晴

志当存高远

也许是学生学习氛围已经形成，受到干扰也会按照原轨迹运行。一些小小的暴风雨过后，学习的气氛更加浓厚。

突然觉得晚自习时间很少，算了一下，似乎还没干出些什么事来就已经下课回去睡觉了。真的是神奇，感叹岁月的流逝啊。

期考又马上要到了，还有12天，紧张又一次来临，所有的"防御系统"已经进入全面戒备状态，迎接这次"战斗"，希望能取得飞跃。（符丹）

一晚上在奔波中过去，不停地做题……

呼呼，小有成就感了！毕竟作业会的越来越多，做得也越来越有动力。

偶尔会思考这问题：啊，十七岁了，再不飞要怎么办。一到夜里我就特别忧伤这个问题，忧伤得像我真的没有前途似的。我一直回味一句歌词，反复唱着"One day I'll fly away"，有一天我将远走高飞。

一直希望自己就是一只鸟，能飞。（苗曦）

【妙如回复】练硬双翼，就可高飞！

6月21日 星期三 晴

不论结果，抓住现在

快放假了，也就意味着考试近了。文理按成绩分班，学生的紧张就不用说了。

终于发现自己的精力快不行了，一面要加赶数学，一面又要补英语，两方面都在消耗着我的精力。双重烦恼堆来，压得我透不过气，每一样我都得紧抓，不能松懈。可自己真的从来都没感觉这样忙过。

只有不断坚持才能提高，除了付出成倍的精力还能有什么办法呢？这就是以前欠下的债，"利滚利"啊，还起来便是几倍了。

不论结果，抓住现在。财富也是这样积累的吧！（苗曦）

我现在终于可以想象到，那些平时成绩都那么拔尖的人，是通过多少的艰辛才拥有他们现在的成绩！以前听大人们说，只要努力，坚持不懈，就会成功。这些话，有多么的沉重。努力与坚持的过程是艰辛的，苦的滋味还真的不太好受。可能这些都是我在为自己施压，可如果我不学会如何居安思危，那又怎么会有所成就呢？（符丹）

读破文章随意得，学成气度自然来。

寻找成功的捷径

班会课，我们以"寻找捷径"为话题聊了很多很多。

我们探讨了捷径的定义——是比喻能较快地达到目的的巧妙手段或办法。凡事皆有捷径。

我们谈到了学会"凿一口深井"是成功的捷径。罗曼·罗兰曾说过：与其花许多时间和精力去凿许多浅井，不如花同样的时间和精力去凿一口深井。我们现在应该做的事就是积累取之不尽的资本，把精力集中在有价值、值得追求的东西上，抛开一切对我们没有益处的、不相宜的东西，朝着自己的目标奋进！

我们谈到享受学习是成功的捷径。歌德曾说过：一个真正有才能的人或者想成就大业的人在工作中能感受到极大的乐趣。

我们谈到友善他人是成功的捷径。

最后推荐了一篇高三习作给同学：

寻找一座桥

人生是一条没有桥的河。

——题记

"金风玉露一相逢，便胜却人间无数。"一座鹊桥承载起爱情的守望。

"二十四桥明月夜，玉人何处教吹箫。"一座水桥搭建出江南的温柔。

这就是桥，连着希望，连着欢乐，连着彼岸。尘世中，多少面孔随波逐流；生命中，多少岁月四处奔波，都不过了为了寻找一座桥，一条生命的通道。

但，人生是一条没有桥的河。于是，人生舞台上演绎着无数悲欢离合，爱恨情仇……

"欲渡黄河冰塞川，将登太行雪满山。"这是李白的人生困境——他少了一座桥。"恨不能携谢朓惊人句来问青天"的他却"出门搔白首，若负平生志"；"我辈岂是蓬蒿人"的他却"冠盖满京华，斯人独憔悴"。面对滚滚东去的人生之河，李白被逼入了生命的绝境！

但李白终究不是常人，伴随着"天子呼来不上船，自称臣是酒中仙"的狂放，伴随着"古来圣贤皆寂寞，惟有饮者留其名"的自信，伴随着"俱怀逸兴壮思飞，欲上青天揽明月"的傲岸，他终究"千秋万世名，寂寞身后事"，终究"绣口一吐，便是半个盛唐"，他终究寻找到自己生命的桥，摆渡了自己。

相比其他人，李白无疑是幸福的，因为他的豁达不羁，因为他的飞扬跋扈，他始终能从容地寻找。太多的人往往焦灼一生却寻找无望。那座桥，始终游离在尘世之外，可望而不可即。

"东风恶，欢情薄，一杯愁绪，几年离索，错错错！"陆游没有到达爱情的桥。"驿外断桥边，寂寞开无主。已是黄昏独自愁，更着风和雨。"陆游没有通往理解的桥。"胡未灭，鬓先秋，泪空流。此生谁料，心在天山，身老沧州！"陆游没有驶向理想的桥。人生这条河实在太湍急，太汹涌，面对这条河，陆游有太多的无奈，太多的悲凉，"桥"，究竟在何方？

那座桥，他至死也找不到。"僵卧孤村不自哀，尚思为国戍轮台"，"王师北定中原日，家祭无忘告乃翁"，至死，他也没有机会跨上战马杀伐一番，然后马革裹尸回。

但，没有桥，陆游的人生依旧开阔，陆游的河流依旧奔腾。

或许，是否找到并不重要，桥静静地绵亘着，找不到只不过是寻找的路途过于艰难，只要努力去寻找那生命的通路，你的人生便会拓宽。

有一首这样的小诗："河道开阔/绷紧的水面/宛若阴沉的大鼓/人用影子击打着水面/对岸，遒劲的老树鞭打着风/把自己按倒/使那被砍伐的伤痕/潜入汤汤的黄昏"。

或许，人生就是这样一条开阔阴沉并没有桥的河流。

伤痕累累的心灵就是那棵遒劲的老树，固执地寻找着一座宏大的桥……

今天的班会课让我感触良多。陶老师的激情演讲让课堂充满了精彩！

她告诉我们，生活上任何一件事都充满捷径，怎样让自己走捷径，用最少的时间换取最多的效率，这才是智慧。

马克思曾说过："科学的道路上是没有捷径的。"这在人们的意识中已经成为真理，无法改变。但陶老师却认为在科学的道路上亦有捷径。只要肯寻找、探索，没有什么事无捷径！这样的话在我听来很震撼，但也不无道理。

不错，做一个有智慧的人，做一个有思想的人，让自己的人生充满激情。在学习、生活等方面去寻找捷径、走捷径，什么事都比别人快一拍，让自己永远在他人前面，这就是智慧！

这样的课，虽短却精，让我获益匪浅。我一定会努力朝这方面学习，直到顶峰，甚至青出于蓝而胜于蓝！呵呵，只是希望啦……（焦达）

【妙如回复】青出于蓝而胜于蓝，这是自然发展的规律。不过，陶老师要告诉你：百万吨的巨轮很少有被海浪打翻的，被打翻的常常是小船。负重的船是最安全

233
第八章/5月8日—9月1日

的，空船则是最危险的。陶老师不会等着你超越，她会不断学习，不断充实自己的！

焦达，我们来竞赛吧！

6月28日　星期三　晴

"好好保存，这是名人的足迹"——家长交流会

今天召开了一年一度的家长会。家长们在听了学校报告后，就回到了各自孩子的班级。我班家长到得比较齐，因为家长重视自己的孩子，也因为高一结束要分文理班，需要他们的建议。

开家长会是要精心准备的。

教室布置，高凡、金岭、文铭、成鹰、苗曦、丑丑、童济、苓儿等宣传组负责设计制作。从他们的整体规划和实际呈现效果来说，他们的能力和水平又提升到了一个新的高度。他们将高一一年来由他们亲手制作的四块板报——《牵着梦想上路》《成长的足迹》《风度就这样走来》《青春从此飞扬》依次装饰后展出。每次在换板报时他们都小心翼翼地从墙上取下来，然后几个人护送着把它放到学校的美术陈列室，每当这时，他们还会戏闹着说，"好好保存，这是名人的足迹。"是的，那里有高一10班每个同学亲笔定下的目标，那里有同学们一年的足迹的缩影。

会议组织与主持，由雷一正、吕欧、符丹、焦达、游澳、敏纯等负责安排。

会议在敏纯"亲爱的爸爸妈妈，欢迎你们的到来"的欢迎声中拉开了序幕，接着由雷一正为代表向家长做了简单的期考汇报："这次考试，我们又进步了。我们感谢老师的耐心，我们感谢爸爸妈妈的坚持！当然，我们还没达到我们自己的要求，相信我们，我们会成功！"我作为班主任的汇报，是从"细节决定境界"开始，依板报为纲，以"成才与成人同步教育"为中心内容的建议性发言。"人要有长远的目标，但最关键的是让每一天充实。""尽管时不时地也犯些错误，但他们都能从错误中提高。""只要他们能坚持这样走下去，我们毫不怀疑同学们他日的辉煌，我们为教过他们自豪！"

"这些板报，确实办得好。既培养了学生，又展示了学生，更记录了学生的成

让爱智慧

长。这是一份珍贵的纪念品。""这些孩子，都这么大大方方的，变化真大！""孩子能有今天的成长，我们已欣喜，感谢老师们的竭诚付出，感谢学校的大力培养。也希望孩子们就这样坚持下去，把自己的潜能充分发挥出来，向 2008，中国北京奥运会献上自己最满意的贺礼。"家长们的交流坦诚又直接，还为学生的成长提供了许多的好建议。

最后，学生们一道宣誓：宣战 2008，向 2008 献上最满意的答案！

9月1日 星期五

此情绵绵无尽期

网上留言

◆凯沛家长：陶老师，习惯了经常浏览您的网页，这种习惯也许来源于自己对我那小子在学校生活的一种惦记、关切和其他更为复杂的寄托，也包含着作为家长对您的教育的无尽信任和托付！这种习惯我想会坚持很长时间，我也将同样给予其他老师同等的信任和托付！不知道我那小子现在的班主任是否有您这样类似的网页或者博客抑或邮箱等联络工具？如有，麻烦您转告。谢谢！也期望您对我那小子能给予一如既往的关怀。

养成一种习惯很难，改变一个习惯更难。也许因您网页带给我的对小孩教育过程的记忆，其中或带有许多似古典音乐作为背景音乐般的一幕幕场景回忆！

夜深了，回忆过去一年来因小孩教育所经历的林林总总，感觉五味纷呈！谢谢您，直到永远！

◆huaigqiuying：陶老师，您好！我是慕华的妈妈，我十分感谢您上个学期对他的教育与帮助，他从您那里学到了不少，也懂得了不少，这个学期无缘当您的学生，他也应该学会适应。他很尊敬您，也很听您的话，请您有机会也指导指导他，也许我们这个要求有些过分。只当您多养了一个小孩。敬请见谅。

◆妙如：我校每一个老师都会给学生关爱，个个都可成才，这是我们的学生观。

◆成靖父亲：陶老师，您好！我是成靖的爸爸，我本想经常留言于此，用最好的感激之词来谢谢您，可是我又不知道用什么样的词语才能送出心灵深处的那种真诚！说实话，成靖有幸获得您的教诲，他的人生能导出了一个明确的方向，他在当下的学业中能有明确的目标，都是您的辛勤用心授教和无微不至的关怀所致。谨此，致以衷心的感谢！我深信成靖一定会用优异的成绩来报答您的。我们家长也一定会永远记住您的……

◆妙如：教学相长是我们追求的境界！

代 后 记

古之欲明明德于天下者，先治其国；欲治其国者，先齐其家；欲齐其家者，先修其身；欲修其身者，先正其心；……心正而后身修，身修而后家齐，家齐而后国治，国治而后天下平。

——《礼记·大学》

我心中的陶老师

我真愿意像讲神话那样来开始讲这个故事，我真想这样说："从前啊，有一个母亲，她从不找她的孩子面对面地谈心，而是用心……"对懂得生活的人来说，这样显得真实。

我可不喜欢人们轻率地读我母亲的书。我在讲述这些往事时是抱着极大的感激与爱的。我真希望竭尽全力把她描绘出来，其目的就是为了不要忘记。因为并不是所有的人都会遇到这样一个母亲。

我的这个母亲就是我的陶老师。

她的语文课堂特别精彩，尤其是在古文课上，她转动着历史的齿轮，悠悠作响，唤醒了沉睡的历史，让历史老人如在眼前，引领我们进入一个又一个文学艺术的宝库。

奇妙课堂从哪儿来？我们仿佛看到陶老师在星月之下，潺潺溪畔，为我们淘洗出一粒粒闪亮的黄金。

记得，来她班上没有几天，我就明白了要把自己紧紧牢牢地埋在"信念"的土壤里。而她每天给我浇灌以积极的思想，并始终保持湿润。因为她在我一进入她的班时就送了我这样九个字："放得下，溶得进，奋得起"。然而这九个字她只送给我一个人，她送给每一个同学的都是不一样的几个字。可是这九个字对我而言实在太难了，我经常在日记中抱怨自己的种种，但我知道我不可以说："我放不下，我溶不进，我奋不起。"可是我还是控制不住自己内心的不安，虽没写出这些话，文字中流露出的却常常是这些思想。但她也从不点破，用各种方式给予新的评语，提醒相同的问题。

她常常以宽容来护根，这让我们幸福的幼苗不断成长。

记得一次我们因吹卷而来的"足球风"也随之激动起来，逃课去踢了一场足球赛。陶老师没有骂我们，更没有罚我们，而是报以微笑，给予无声。这样反而让我们把纪律的根伸得更深，更向水源处，让它常青，永远刻骨铭心。

她从来不会告诉我"雨滴"也是双面性的。我是这株树的外部枝叶，我迎接雨滴，滋养这株树。同时，我又要面对雨滴击打我的叶片，有时甚至被击打得面目全非，但她从不给予保护，只是指点，给我稍加修剪，让我自己探索，探索保护好这株树的躯干的最好方式。

我们班常常考试失利，可是她带来的总是希望。我们失败时，她已早早准备不厌其烦地为我们修剪枝叶，为我们修去愧疚和沮丧。她让我们在失败中看到的永远是进步，她让我们学会了在最恶劣的条件下告诉自己——物竞天择，强者生存。

陶老师对我们每一个人都会去挖掘、收割、筛选，从"过往"中收获经验。就好像我们正处在旺盛生长的时期，她永远有着计划与目标，精心"照料"此时此刻的根茎，天天着手种植我们的"明天"。

她会叮嘱我们为孕育明天的梦想做好准备。她对每一个同学都采用不同的方法去培育，记得以前我们班来了个特别容易冲动的男生，陶老师就盯牢他，他的一点点小错误都会被陶老师指出来并要求改正。"磨掉他的火气"让他明白了冲动正如"饮鸩止渴"，只会让问题更加严重，所以他开始改变自己，试着让自己稳健。

在我们生活的每一个角落，都有陶老师"爱"的足迹，博我以文，约我以礼，导我以爱，爱我以智，"欢乐""爱""微笑"在我们身上生机无限地发育成长。现在，即使"荆刺"满途，我们也信心满怀……

徐翔宇（高一 10 班学生）

智慧的心灯

至今我都没有想到合适的词汇来表达我们对陶老师的感激之情。

心存感激，不仅仅是因为她是我们孩子的老师，传授孩子文化知识，更是因为她有智慧与爱心。而这种智慧与爱心，是我们这个社会最珍贵的资源，正如一盏明灯照亮了孩子们的心灵，使他们向着健康而美好的未来努力。

青春期孩子的教育，对于家长来说，是相当高难度的挑战。要搞清他们脑子里想什么是比在商场上拼杀更复杂的事，青春的叛逆是大多数人都经历过的阶段，但是现在的这一代人与我们在生活背景和思想方式上有着太多的区别，在一段时期里，我和我儿子到了这种阶段：凡是我要求他做的，必然是他所反抗的。

　　这真是个令人头疼的问题，在各种办法都想过了之后，我得承认，在对儿子的教育方面，带给了我从来没有过的挫败感。最后，不得不动用了家长的权威：把他扔到了远离市区的同升湖国际实验学校，利用学校严格的管理来限制他的行动，这样至少他的重心可以稍微转移一下，不用觉得每天生活的目标就是为了和我作对。在这个过程中，我从来没有试图了解过儿子真正的内心世界，老实说，和儿子的沟通是比和客户谈判更困难的事。

　　这一切的改变，是从陶老师开始的。

　　陶老师不仅仅是孩子的老师，更是许多家长的老师，正是因为有了她，我们学会了怎样和孩子相处，和他们达成真正的理解和沟通。

　　陶老师改变的，不仅仅是孩子的心智，还有因此而改变的许许多多个家庭。

　　在与陶老师的沟通过程中，我不仅认识到了一个我从来没有真正认识的儿子——很诧异，短短几天的相处，陶老师对这孩子的了解比我这个做父亲的要多得多；而且更明白，孩子是需要用心去理解的，而不仅仅是管教。

　　当孩子不再沉溺于网络、不再总是用挑衅的目光看着他的家人，而是变得彬彬有礼、勤学上进，这些变化，会给父母带来多大的欣慰！

　　所有这些，只能说，感谢陶老师。

　　一个班有多少个学生啊，陶老师的教学方法，正是先贤孔子的"因材施教"——从各方面来挖掘每个孩子不同的长处，了解孩子们的内心世界，从而以孩子们最能够接受的方式，扶其正、纠其偏、解其惑，来帮助他们成长。

　　所以陶老师不仅仅是老师，她更是孩子们的心理学家。

　　而这一切，只有智慧的头脑、爱的胸怀、丰富的经验才能做到。

　　春风化雨，桃李芬芳，陶老师将她的教学心得出版，相信将会有更多的像我这样的家长因此受益。

梅昌欣（学生家长）写于长沙

2006 年 10 月

谢　辞

　　将点点滴滴的记录整理出版，得到了王忠和董事长的关怀；孙培文校长，汤正和、刘文建副校长，易鹏工会主席，许远森、向赞勋、陈洪东、刘创、涂娟、李清江、张修民、薛建荣、王赛艳、徐庆华、谷金英等学校领导的指导；得到了黄河明主任，张明之、李光、谭光明、左雅俐、李小宁、曾湘芬等老师的斧正；得到了伍岭老师的网站技术指导；得到了刘永顺、任道远、李昌昆、隆清波、张晓军、刘英文、邓伟、吴卉、彭正强、陈顺德、杨德怀、成俊杰、赵红波、杜典宏、凌海清、李国强、魏小朋、杨秀兰、王芳、朱建山、黄灿、章文伟、杨伏平、周建国、徐鸣、谭军、何新华、廖斌、江永涵、徐德华、唐金香、李志如、周国新、彭良汉、贝承积、刘光雄、何黎黎、肖刚、晏菲、唐辉、胡汉华、黄浩、彭超、谢立英、胡卫平、沈汝华、王琼、贺琴、傅红清、冯洪玉、林曼霞、易小娟、姚月清、罗素娟、龚益红、陈太平、刘湘林、吕云霞等同升湖全体同人的关心；得到了省市教科院马智知、吴雁驰、李再湘、罗树根、陶伏平等专家的指点；得到了长沙市中语会邓志刚、汤正良、刘淇、朱紫彪、刘兵、黄尚喜、秦洁、谢雀飞、李慎涛、姚友勇、张建斌、熊国斌、张文凡、愈小健、申四军、黄宁、唐国寿、胡自才、愈禄平、杨建军、邱先进、谭忆军、李新奇、谭兴茂等老师、朋友们的帮助；得到了高一10班、高三理4班、高二文4班全体同学、科任老师和家长的鼎立协助；得到了丈夫刘建国、女儿刘少玉的大力支持。在此，我一并真诚地感谢！

　　借此，我衷心地感谢关心培养我多年的沅江市的领导、同事们！

　　由此，我深深地感到：和谐是成就一切的基础！

　　由此，也就想到和谐的含义：和谐就是真爱！和谐就是智慧！和谐就是竞争！

　　没有真爱，就没有直言真行，也就没有了心底的坦诚；没有智慧，就没有了灵性，也就没有了创新；没有竞争，就没有了矛盾，也就没有了文明的提升！

　　让爱智慧，让教育竞争！